LA
DEIDAD
DE
CRISTO

UN REGALO DE

GRACIA
a Vosotros

GRACIA.ORG

JOHN MACARTHUR

LA DEIDAD DE CRISTO

EDITORIAL
PORTAVOZ

Título del original: *The Deity of Christ* © 2017 por John MacArthur y publicado por Moody Publishers, 820 N. LaSalle Boulevard, Chicago, IL 60610. Traducido con permiso.

Edición en castellano: *La deidad de Cristo,* © 2018 por Editorial Portavoz, filial de Kregel, Inc., Grand Rapids, Michigan 49505. Todos los derechos reservados.

EDITORIAL PORTAVOZ
2450 Oak Industrial Drive NE
Grand Rapids, MI 49505 USA
Visítenos en: www.portavoz.com

ISBN 978-0-8254-5768-5 (rústica)
ISBN 978-0-8254-6664-9 (Kindle)
ISBN 978-0-8254-7478-1 (epub)

3 4 5 edición / año 27 26 25 24 23 22 21

CONTENIDO

APÉNDICE:
AFIRMACIONES APOSTÓLICAS
DE LA DEIDAD DE CRISTO

PREFACIO

No hay ninguna pregunta más importante que la de "¿Quién es Jesucristo?". Es de tanta importancia porque la manera en que respondemos al Señor Jesús determina nuestro destino eterno (Jn. 3:36; ver Jn. 14:6; Hch. 4:12). Los que respondan erróneamente a esa pregunta se enfrentarán al juicio divino (Jn. 3:18; 1 Co. 16:22; 1 Jn. 4:3).

A lo largo de la historia de la Iglesia, se han dado muchas respuestas diferentes a esta pregunta clave. Los falsos maestros (como Arrio, el hereje del siglo IV, y los modernos Testigos de Jehová) han sugerido que Cristo no era más que una criatura; mientras que los antiguos gnósticos enseñaban que Él era una de muchas entidades divinas. En el siglo XIX, los teólogos liberales insistieron en que Jesús no era más que un maestro moral y un activista social que fue malinterpretado por los líderes religiosos. Pero esos puntos de vista, y otros como esos, se quedan lamentablemente muy cortos de la verdad bíblica.

La Palabra de Dios revela que Jesucristo era mucho más que un profeta benévolo o un líder inspirador. En realidad, Él es infinitamente más que cualquier ser creado. Como explica el autor de Hebreos, el Señor Jesús es "el resplandor de su gloria [del Padre], y la imagen misma de su sustancia, y quien sustenta todas las cosas con la palabra de su poder" (He. 1:3). Él es Dios encarnado, en quien "habita corporalmente toda la plenitud de la Deidad" (Col. 2:9) y de quien el apóstol Juan declaró:

En el principio era el Verbo, y el Verbo era con Dios, y el Verbo era Dios. Este era en el principio con Dios. Todas las cosas por él fueron hechas, y sin él nada de lo que ha sido hecho, fue hecho... Y aquel Verbo fue hecho carne, y habitó entre nosotros (y vimos su gloria, gloria como del unigénito del Padre), lleno de gracia y de verdad. (Jn. 1:1-3, 14)

Esos pasajes son solo la punta del iceberg. El Nuevo Testamento recalca clara y repetidamente que Jesucristo no era solo un hombre. Él es el segundo miembro eterno de la Trinidad, el glorioso Hijo de Dios que es digno de nuestra adoración y obediencia (Fil. 2:9-11).

Es de gran valor seguirle la pista a una doctrina como la deidad de Cristo a través de las páginas de las Escrituras. Debido a que su deidad es a menudo atacada por grupos de sectas y escépticos, los creyentes necesitan conocer lo que la Palabra de Dios enseña sobre quién es verdaderamente Jesús. Además, a medida que su conocimiento del Salvador se profundice, su amor por Él se fortalecerá.

Pido a Dios que, a medida que lea este volumen, la verdad acerca de "nuestro gran Dios y Salvador Jesucristo" (Tit. 2:13) informe su mente, aliente su corazón, fortalezca su voluntad, encienda su adoración y motive su obediencia a Él.

John MacArthur

PRIMERA PARTE

LA GLORIA
DIVINA DE CRISTO

Capítulo 1

————⟨∞⟩————

LA GLORIA ETERNA DEL VERBO DIVINO

JUAN 1:1-5

En el principio era el Verbo, y el Verbo era con Dios, y el Verbo era Dios. Este era en el principio con Dios. Todas las cosas por él fueron hechas, y sin él nada de lo que ha sido hecho, fue hecho. En él estaba la vida, y la vida era la luz de los hombres. La luz en las tinieblas resplandece, y las tinieblas no prevalecieron contra ella. (Jn. 1:1-5)

L a sección de apertura del Evangelio de Juan expresa la verdad más profunda del universo en los términos más claros. Aunque un niño podría entenderla fácilmente, las palabras de Juan inspiradas por el Espíritu comunican una verdad imposible de asir aun para la capacidad de las más grandes mentes: el Dios infinito y eterno se hizo hombre en la persona del Señor Jesucristo. La verdad incontrovertible y gloriosa de que en Jesús el Verbo divino "fue hecho carne" (1:14) es el tema del Evangelio de Juan.

La deidad del Señor Jesucristo es un principio esencial y no negociable de la fe cristiana. Varias líneas de la evidencia bíblica confluyen para probar de manera concluyente que Él es Dios.

Primero, las declaraciones directas de las Escrituras afirman que Jesús es Dios. Juan registra varias de esas declaraciones para mantener el énfasis en la deidad de Cristo. El versículo inicial de su

Evangelio declara "el Verbo [Jesús] era Dios" (véase la explicación de este versículo más adelante en este capítulo). En el Evangelio de Juan, Jesús asumió en repetidas ocasiones el nombre divino "Yo soy" (cp. 4:26; 8:24, 28, 58; 13:19; 18:5, 6, 8). En 10:30 afirmó ser uno en naturaleza y esencia con el Padre (dada la reacción de los judíos incrédulos en el v. 33 [compárese con 5:18], ellos reconocieron que esta era una afirmación de deidad). Tampoco corrigió Jesús a Tomás cuando él le dijo: "¡Señor mío, y Dios mío!" (20:28); de hecho, lo alabó por su fe (v. 29). La reacción de Jesús es inexplicable de no haber sido Dios.

Pablo escribió a los filipenses que Jesús existía "en forma de Dios" y era "igual a Dios" (Fil. 2:6). En Colosenses 2:9 declaró: "Porque en él habita corporalmente toda la plenitud de la Deidad". Romanos 9:5 se refiere a Cristo como "Dios... bendito por los siglos". Tito 2:13 y 2 Pedro 1:1 lo llaman "nuestro Dios y Salvador". Dios Padre se dirige al Hijo como Dios en Hebreos 1:8: "Tu trono, oh Dios, por el siglo del siglo; cetro de equidad es el cetro de tu reino". Juan se refiere a Jesucristo en su primera epístola como "el verdadero Dios" (1 Jn. 5:20).

Segundo, Jesucristo recibe títulos que se dan a Dios en otras partes de las Escrituras. Como ya se dijo anteriormente, Jesús tomó para sí el nombre divino "Yo soy". Juan 12:40 cita Isaías 6:10, un pasaje que hace referencia a Dios en la visión del profeta (cp. Is. 6:5). Aun así, Juan declaró en el versículo 41: "Isaías dijo esto cuando vio su gloria [la de Cristo; compárese con los vv. 36, 37, 42], y habló acerca de él". Jeremías profetizó que el Mesías sería llamado "[El Señor], justicia nuestra" (Jer. 23:6).

Tanto a Dios como a Jesús se les llama Pastor (Sal. 23:1 [Dios]—Jn. 10:14 [Jesús]), Juez (Gn. 18:25—2 Ti. 4:1, 8), Santo (Is. 10:20—Sal. 16:10; Hch. 2:27; 3:14), el primero y el postrero (o último) (Is. 44:6; 48:12—Ap. 1:17; 22:13), Luz (Sal. 27:1—Jn. 8:12), Señor del día de reposo (Éx. 16:23, 29; Lv. 19:3—Mt. 12:8),

Salvador (Is. 43:11—Hch. 4:12; Tit. 2:13), el traspasado (Zac. 12:10—Jn. 19:37), Dios fuerte (Is. 10:21—Is. 9:6), Señor de señores (Dt. 10:17—Ap. 17:14), Señor de la gloria (Sal. 24:10—1 Co. 2:8) y Redentor (Is. 41:14; 48:17; 63:16—Ef. 1:7; He. 9:12). En el último libro de la Biblia ambos son llamados el Alfa y la Omega (Ap. 1:8—Ap. 22:13), esto es, el principio y el fin.

Tercero, Jesucristo posee los atributos incomunicables de Dios, aquellos únicos a Él. Las Escrituras revelan que Cristo es eterno (Mi. 5:2; Is. 9:6), omnipresente (Mt. 18:20; 28:20), omnisciente (Mt. 11:27; Jn. 16:30; 21:17), omnipotente (Fil. 3:21), inmutable (He. 13:8), soberano (Mt. 28:18) y glorioso (Jn. 17:5; 1 Co. 2:8; cp. Is. 42:8; 48:11, donde Dios declara que no le dará a otro su gloria).

Cuarto, Jesucristo hace obras que solo Dios puede hacer. Él creó todas las cosas (Jn. 1:3; Col. 1:16), sostiene la creación (Col. 1:17; He. 1:3), resucita a los muertos (Jn. 5:21; 11:25-44), perdona el pecado (Mr. 2:10; cp. v. 7) y sus palabras permanecen para siempre (Mt. 24:35; cp. Is. 40:8).

Quinto, Jesucristo recibió adoración (Mt. 14:33; 28:9; Jn. 9:38; Fil. 2:10; He. 1:6), aun cuando enseñaba que solo Dios debe ser adorado (Mt. 4:10). Las Escrituras también nos dicen que los hombres santos (Hch. 10:25-26) y los santos ángeles (Ap. 22:8-9) rehúsan la adoración.

Finalmente, Jesucristo recibió oración, la cual solo se debe dirigir a Dios (Jn. 14:13-14; Hch. 7:59-60; 1 Jn. 5:13-15).

Los versículos 1-18, el prólogo a la presentación de Juan sobre la deidad de Cristo, son una sinopsis o descripción de todo el libro. En 20:31, Juan definió claramente su propósito al escribir su Evangelio: que sus lectores "crean que Jesús es el Cristo, el Hijo de Dios, y para que al creer en su nombre tengan vida" (NVI). Juan reveló a Jesucristo como "el Hijo de Dios", la eterna segunda persona de la Trinidad. Se hizo hombre, el "Cristo" (Mesías), y se ofreció como sacrificio por los pecados. Quienes ponen su fe en Él tendrán vida en su nombre, pero quienes lo rechazan serán juzgados y sentenciados al castigo eterno.

La realidad de que Jesús es Dios, presentada en el prólogo, se expone a lo largo de todo el libro con la cuidadosa selección juanina de afirmaciones y milagros que sellan el caso. Los versículos 1-3 del prólogo enseñan que Jesús es coigual y coeterno con el Padre; los versículos 4-5 se relacionan con la salvación que Él trajo, la cual anunció Juan el Bautista, su heraldo (vv. 6-8); los versículos 9-13 describen la reacción de la raza humana ante Él, ya sea de rechazo (vv. 10-11) o aceptación (vv. 12-13); los versículos 14-18 resumen todo el prólogo.

En estos primeros cinco versículos del prólogo del Evangelio de Juan hay tres evidencias de la deidad de Jesucristo, el Verbo encarnado: su preexistencia, su poder creador y su existencia propia.

La preexistencia del verbo

En el principio era el Verbo, y el Verbo era con Dios, y el Verbo era Dios. Este era en el principio con Dios. (Jn. 1:1-2)

Arjé (principio) puede significar "fuente" u "origen" (cp. Col. 1:18; Ap. 3:14), o "regla", "autoridad", "gobernante" o "persona en autoridad" (cp. Lc. 12:11; 20:20; Ro. 8:38; 1 Co. 15:24; Ef. 1:21; 3:10; 6:12; Col. 1:16; 2:10, 15; Tit. 3:1). Las dos connotaciones son verdaderas para Cristo, quien es el creador del universo (v. 3; Col. 1:16; He. 1:2) y su gobernante (Col. 2:10; Ef. 1:20-22; Fil. 2:9-11). Pero el término se refiere aquí al principio del universo descrito en Génesis 1:1.

Jesucristo ya era, ya existía cuando se crearon los cielos y la tierra; por tanto, Él no es un ser creado, existía desde toda la eternidad (puesto que el tiempo comenzó con la creación del universo físico, cualquier cosa sucedida antes de la creación es eterna). "Entonces el Logos [Verbo] no comenzó a ser; más bien, en el punto en el que todo lo demás comenzó a ser, Él ya *era*. En el principio, donde sea que usted lo ubique, el Verbo ya existía. En otras palabras, el Logos es anterior al tiempo, es eterno".[1] Dicha verdad aporta la prueba definitiva de la deidad de Cristo, pues solo Dios es eterno.

El tiempo imperfecto del verbo *eimí* (era), con el cual se describe la continuidad de una acción en el pasado, refuerza aún más la preexistencia eterna del Verbo. Indica que Él estaba en continua existencia antes del principio. Pero es aún más significativo el uso de *eimí* en lugar de *guinomai* ("llegó a ser"). El segundo término se refiere a cosas que empiezan a existir (cp. 1:3, 10, 12, 14). Si Juan hubiese usado *guinomai*, habría implicado que el Verbo empezó a existir en el principio, junto con el resto de la creación. Pero *eimí* enfatiza que el Verbo siempre existió; nunca hubo un punto en el cual Él empezara a ser.

El concepto de "el Verbo" (*logos*) estaba cargado de significado para judíos y griegos. Para los filósofos griegos, el *logos* era el principio abstracto e impersonal de la razón y el orden en el universo. En algún sentido era una fuerza creadora, además de una fuente de sabiduría. La persona griega promedio podría no haber comprendido todos los matices de significado que los filósofos daban al término *logos*. Con todo, para el hombre común y corriente, el término habría significado uno de los principios más importantes en el universo.

Entonces, para los griegos, Juan presentaba a Jesús como la personificación y encarnación del *logos*. Sin embargo, a diferencia del concepto griego, Jesús no era una fuente, fuerza, principio o emanación impersonal. En Él se hizo hombre el verdadero *logos* que era Dios, un concepto ajeno al pensamiento griego.

Pero *logos* no era solo un concepto griego. La palabra del Señor

1. Marcus Dods, "John" en W. Robertson Nicoll, ed., *The Expositor's Bible Commentary* (reimpresión; Peabody: Hendrickson, 2002), 1:683. Cursivas en el original.

también era un asunto importante en el Antiguo Testamento, un asunto que los judíos conocían muy bien. La palabra del Señor era la expresión del poder y la sabiduría divinos. Con su palabra, Dios inició el pacto abrahámico (Gn. 15:1), le dio a Israel los diez mandamientos (Éx. 24:3-4; Dt. 5:5; cp. Éx. 34:28; Dt. 9:10), estuvo presente en la construcción del templo de Salomón (1 R. 6:11-13), se reveló a Samuel (1 S. 3:21), pronunció el juicio sobre la casa de Elí (1 R. 2:27), aconsejó a Elías (1 R. 19:9ss.), dirigió a Israel a través de sus heraldos (cp. 1 S. 15:10ss.; 2 S. 7:4ss.; 24:11ss.; 1 R. 16:1-4; 17:2-4, 8ss.; 18:1; 21:17-19; 2 Cr. 11:2-4), fue el agente de la creación (Sal. 33:6) y le reveló las Escrituras a muchos de los profetas, desde Jeremías a Malaquías.[2]

A los lectores judíos, Juan les presentó a Jesús como la encarnación del poder y la revelación divina. Él inició el nuevo pacto (Lc. 22:20; He. 9:15; 12:24), instruye a los creyentes (Jn. 10:27), los une en un templo espiritual (1 Co. 3:16-17; 2 Co. 6:16; Ef. 2:21), reveló la Divinidad al hombre (Jn. 1:18; 14:7-9), juzga a quienes lo rechazan (Jn. 3:18; 5:22), dirige a la iglesia por medio de quienes ha llamado para hacerlo (Ef. 4:11-12; 1 Ti. 5:17; Tit. 1:5; 1 P. 5:1-3), fue el agente de la creación (Jn. 1:3; Col. 1:16; He. 1:2) e inspiró a los autores humanos del Nuevo Testamento (Jn. 14:26) por medio del Espíritu Santo que Él prometió que enviaría (Jn. 15:26).

Luego, Juan llevó su argumento un paso más allá. En su eterna preexistencia, "el Verbo era con Dios". La traducción al español no conlleva toda la riqueza de la expresión griega (*pros ton theón*). Tal frase significa mucho más que la existencia del Verbo con Dios; describe a "dos seres personales, el uno frente al otro, enfrascados en un discurso inteligente".[3] Jesús, desde toda la eternidad, como la segunda persona de la Trinidad, "estaba con el Padre [*pros ton*

2. Véase específicamente Jeremías 1:2; Ezequiel 1:3; Daniel 9:2; Oseas 1:1; Joel 1:1; Jonás 1:1; Miqueas 1:1; Sofonías 1:1; Hageo 1:1; Zacarías 1:1; Malaquías 1:1.

3. W. Robert Cook, *The Theology of John* (Chicago: Moody, 1979), p. 49.

patera]" (1 Jn. 1:2) en comunión íntima y profunda. Tal vez *pros ton theón* se pueda explicar mejor como "cara a cara". El Verbo es una persona, no un atributo de Dios o una emanación de Él, y tiene la misma esencia del Padre. Aun así, en un acto de condescendencia infinita, Jesús dejó la gloria del cielo y el privilegio de la comunión cara a cara con su Padre (cp. Jn. 17:5). Con toda disposición "se despojó a sí mismo, tomando forma de siervo, hecho semejante a los hombres... se humilló a sí mismo, haciéndose obediente hasta la muerte, y muerte de cruz" (Fil. 2:7-8). Charles Wesley captó parte de esta verdad maravillosa en el conocido himno "Cómo en su sangre pudo haber":

¿Cómo en su sangre pudo haber
tanta ventura para mí,
si yo sus penas agravé
y de su muerte causa fui?
¿Hay maravilla cual su amor?
¡Morir por mí con tal dolor!

Nada retiene al descender,
sino su amor y deidad;
Todo lo entrega: gloria, prez,
corona, trono, majestad.
Ver redimidos es su afán,
los tristes hijos de Adán.[4]

La descripción que Juan hace del Verbo alcanza su pináculo en la tercera cláusula de su versículo inicial. El Verbo no solo existía

---

4. Charles Wesley, "Cómo en su sangre pudo haber", primera y tercera estrofa).

desde toda la eternidad y tenía comunión cara a cara con Dios Padre, también "el Verbo era Dios". Esa declaración simple, con tan solo cuatro palabras en español y en griego (*theos en ho logos*), tal vez sea la declaración más clara y directa sobre la deidad del Señor Jesucristo que se encuentre en las Escrituras.

No obstante, a pesar de su claridad, los grupos heréticos han pervertido el significado de sus palabras para dar respaldo a sus falsas doctrinas sobre la naturaleza del Señor Jesucristo; esto casi desde el momento en que Juan las escribió. Algunos anotan que *theos* ("Dios") es anártrico (no precedido por un artículo definido) y argumentan con ello que es un nombre indefinido. Además, traducen mal la frase como "el Verbo era divino" (es decir, como si solo poseyera algunas cualidades de Dios) o, aún más aterrador, "el Verbo era *un* dios".

Sin embargo, la ausencia del artículo antes de *theos* no lo hace indefinido. *Logos* (Verbo) tiene el artículo definido para mostrar que es el sujeto de la frase (pues está en minúscula como *theos*). De modo que decir "Dios era el Verbo" no es válido porque "el Verbo", no "Dios", es el sujeto. Además, sería teológicamente incorrecto porque igualaría al Padre ("Dios", con quien el Verbo estaba en la cláusula anterior) con el Verbo, negando así que son dos personas separadas. El atributo nominal ("Dios") describe la naturaleza del Verbo, mostrando que Él tiene la misma esencia del Padre.[5]

De acuerdo con las reglas de la gramática griega, un atributo nominal ("Dios" en esta cláusula) no se puede considerar indefinido cuando precede a un verbo (luego, no puede traducirse como "un dios" en lugar de "Dios") tan solo porque no tiene el artículo. El término "Dios" es definido y se refiere al Dios verdadero, cosa

---

5. Cp. H. E. Dana y Julius R. Mantey, *A Manual Grammar of the Greek New Testament* (Toronto: MacMillan, 1957), pp. 139-140; A. T. Robertson, *The Minister and His Greek New Testament* (reimpresión; Grand Rapids: Baker, 1978), pp. 67-68.

obvia por varias razones. Primero, *theos* aparece sin el artículo definido otras cuatro veces en el mismo contexto (vv. 6, 12-13, 18; cp. 3:2, 21; 9:16; Mt. 5:9). Ni siquiera la versión bíblica distorsionada de los Testigos de Jehová traduce el *theos* anártrico como "un dios" en tales versículos. Segundo, si el significado de Juan fuera que el Verbo es divino, o un dios, hay formas en las que se podría haber escrito la frase para hacerlo claro sin lugar a dudas. Por ejemplo, si él tan solo hubiera querido decir que el Verbo es divino en algún sentido, podría haber usado el adjetivo *theios* (cp. 2 P. 1:4). Como Robert L. Reymond anota, debe recordarse que "ningún léxico griego normal dice que *theos* tenga 'divino' como uno de sus significados, tampoco se vuelve adjetivo el sustantivo cuando este 'se despoja' de su artículo".[6] O si Juan hubiera querido decir que el Verbo era un dios, podría haber escrito *ho logos en theos*. Si él hubiese escrito *ho theos en ho logos*, los dos sustantivos (*theos* y *logos*) serían intercambiables, y Dios y el Verbo serían idénticos. Eso habría significado que el Padre es el Verbo, lo cual, como ya se dijo, negaría la Trinidad. Pero como se pregunta retóricamente Leon Morris: "¿De qué otra manera [distinta a *theos en ho logos*] podría uno decir en griego que 'el Verbo era Dios'?".[7]

Juan, bajo la inspiración del Espíritu Santo, eligió la formulación correcta para transmitir con precisión la verdadera naturaleza del Verbo, de Jesucristo. "Al escribir *theos* sin el artículo, Juan no indica, por un lado, identidad de Persona con el Padre; ni, por el otro, alguna forma de naturaleza inferior a la de Dios mismo".[8]

Juan volvió a declarar las verdades profundas del versículo 1 en el versículo 2, subrayando así su significado. Enfatizó de nuevo

---

6. Como Robert L. Reymond indica en *Jesus, Divine Messiah* (Phillipsburg: Presb. & Ref., 1990), p. 303.

7. Leon Morris, *El Evangelio según Juan* (Barcelona: Clie, 2005), p. 111 n. 15.

8. H. A. W. Meyer, *Critical and Exegetical Handbook to the Gospel of John* (reimpresión; Winona Lake: Alpha, 1979), p. 48.

la eternidad del Verbo; "Este [ya] era en el principio" cuando se creó todo lo demás, ya existía. Como en el versículo 1, el tiempo imperfecto del verbo *eimí* ("era") describe la continua existencia del Verbo antes del "principio". Y, como lo indicó Juan en el versículo 1, tal existencia era en comunión íntima "con Dios" Padre.

La verdad de la deidad de Jesucristo y su completa igualdad con el Padre es un elemento no negociable en la fe cristiana. En 2 Juan 10, el apóstol advirtió: "Si alguien los visita y no lleva esta enseñanza [la enseñanza bíblica sobre Cristo; cp. vv. 7, 9], no lo reciban en casa ni le den la bienvenida" (NVI). Los creyentes no deben ayudar a los falsos maestros herejes de forma alguna; ni siquiera darles comida o alojamiento a quienes blasfemen contra Cristo, pues quien así lo hace "participa en sus malas obras" (v. 11). Tal comportamiento poco caritativo en apariencia tiene perfecta justificación con los falsos maestros que niegan la deidad de nuestro Señor y del evangelio, pues están bajo la maldición de Dios:

> No que haya otro, sino que hay algunos que os perturban y quieren pervertir el evangelio de Cristo. Mas si aun nosotros, o un ángel del cielo, os anunciare otro evangelio diferente del que os hemos anunciado, sea anatema. Como antes hemos dicho, también ahora lo repito: Si alguno os predica diferente evangelio del que habéis recibido, sea anatema. (Gá. 1:7-9)

Jesús y Pablo describieron a los falsos maestros como lobos disfrazados para enfatizar su peligro mortal (Mt. 7:15; Hch. 20:29). No se les debe dar la bienvenida en el rebaño. Hay que evitarlos y mantenerlos alejados.

La confusión sobre la deidad de Cristo es inexcusable porque la enseñanza bíblica al respecto es clara e inequívoca. Jesucristo es el Verbo eternamente preexistente, quien disfruta de vida divina y de completa comunión cara a cara con el Padre, y es Dios.

EL PODER CREADOR DEL VERBO

Todas las cosas por él fueron hechas, y sin él nada de lo que ha sido hecho, fue hecho. (Jn. 1:3)

Una vez más, Juan expresó una verdad profunda en lenguaje claro. Jesucristo, el Verbo eterno, creó todo lo que "ha sido hecho". Juan subrayó tal verdad al repetirlo negativamente: "sin él nada [lit., "ni una sola cosa"] de lo que ha sido hecho, fue hecho". Que Jesucristo creara todo (cp. Col. 1:16; He. 1:2) ofrece dos pruebas adicionales de su deidad. Primera, el Creador de todas las cosas debe ser increado, y solo el Dios eterno es increado. El texto griego enfatiza la distinción entre el Verbo increado y su creación, pues aquí se usa un verbo diferente al usado en los versículos 1 y 2. Como se señaló en el punto previo, Juan usó una forma del verbo *eimí* ("ser"), que denota un estado de ser, para describir al *Logos* en los versículos 1 y 2; aquí, al referirse a la creación del universo, usó una forma del verbo *guinomai* ("fue hecho"). Que Jesús sea el Creador también verifica su deidad, pues Dios es representado así en toda la Biblia (Gn. 1:1; Sal. 102:25; Is. 40:28; 42:5; 45:18; Mr. 13:19; Ro. 1:25; Ef. 3:9; Ap. 4:11).

Juan, al enfatizar el papel del Verbo en la creación del universo, refuta así la falsa enseñanza que luego se desarrolló como la peligrosa herejía del gnosticismo. Los gnósticos aceptaban el dualismo filosófico, común a la filosofía griega, según el cual el espíritu era bueno y la materia mala. Como la materia era mala, argumentaban ellos, Dios, quien es bueno, no habría podido crear el universo físico. En su lugar, una serie de seres espirituales emanaban de Él hasta que, finalmente, una de esas emanaciones descendentes era mala y lo suficientemente necia para crear el universo físico. Pero Juan rechazó dicha perspectiva herética y afirmó fuertemente que Jesucristo era el agente del Padre en la creación de todas las cosas.

Sin embargo, el mundo presente es radicalmente diferente a la buena creación original de Dios (Gn. 1:31). Los resultados catastróficos de la caída no solo afectaron a la raza humana, sino también a toda la creación. Por tanto, como Pablo indicó en Romanos 8:19-21, Jesús redimirá un día todo el mundo material, no solo a los creyentes:

> Porque el anhelo ardiente de la creación es el aguardar la manifestación de los hijos de Dios. Porque la creación fue sujetada a vanidad, no por su propia voluntad, sino por causa del que la sujetó en esperanza; porque también la creación misma será libertada de la esclavitud de corrupción, a la libertad gloriosa de los hijos de Dios.

Cuando sea quitada la maldición durante el reinado milenario de Cristo,

> El lobo vivirá con el cordero, el leopardo se echará con el cabrito, y juntos andarán el ternero y el cachorro de león, y un niño pequeño los guiará. La vaca pastará con la osa, sus crías se echarán juntas, y el león comerá paja como el buey. Jugará el niño de pecho junto a la cueva de la cobra, y el recién destetado meterá la mano en el nido de la víbora. No harán ningún daño ni estrago en todo mi monte santo, porque rebosará la tierra con el conocimiento del Señor como rebosa el mar con las aguas (Is. 11:6-9, NVI).

> El lobo y el cordero pacerán juntos; el león comerá paja como el buey, y la serpiente se alimentará de polvo. En todo mi monte santo no habrá quien haga daño ni destruya, dice el Señor (Is. 65:25, NVI).

LA EXISTENCIA PROPIA DEL VERBO

En él estaba la vida, y la vida era la luz de los hombres. La luz en las tinieblas resplandece, y las tinieblas no prevalecieron contra ella. (Jn. 1:4-5)

Juan muestra una vez más en estos dos versículos la economía de palabras inspirada por el Espíritu para resumir la encarnación. Cristo, la personificación de "la vida" y "la luz" eterna y gloriosa del cielo, entró en el mundo "de los hombres", oscurecido por el pecado, y el mundo reaccionó de varias maneras ante Él. Los temas de la "vida" y la "luz" son comunes al Evangelio de Juan. "Vida" (del griego *zoé*) se refiere a la vida espiritual, a diferencia de *bíos*, que describe la vida física (cp. 1 Jn. 2:16). Aquí, como en 5:26, se refiere principalmente a que Cristo tiene vida en sí mismo. Los teólogos lo suelen llamar "aseidad", o existencia propia, y es evidencia clara de la deidad de Cristo, pues solo Dios existe por sí mismo.

Esta verdad sobre la existencia propia de Dios y Cristo —que tienen vida en sí mismos (aseidad)— es fundamental para nuestra fe. De todo lo creado puede decirse que "llega a ser", pues todo lo creado es cambiante. Es esencial entender que el ser —o la vida— no cambiante, eterno y permanente es diferente de todo lo que llega a ser. El "ser" es eterno y la fuente de vida de lo que ha de "llegar a ser". Esto es lo que diferencia las criaturas del Creador, nosotros de Dios.

Génesis 1:1 establece esta realidad fundamental con la declaración "En el principio creó Dios los cielos y la tierra". Porque esta es la verdad más importante de la Biblia, es la más atacada. Los incrédulos saben que librarse de la creación es librarse del Creador. Y librarse de Dios hace al hombre libre para vivir de la forma que quiera, sin juicio.

Todo el universo cae en la categoría de "llegar a ser" porque hubo un momento en el cual no existía. Antes de su existencia, era Dios, el ser eterno existente por sí mismo —la fuente de vida—, quien es ser puro, vida pura y nunca llegó a ser cosa alguna. Toda la creación recibe su vida de afuera, de Él, pero Él deriva su vida de sí mismo, no depende de nada para vivir. Como se lo declaró a Moisés: "Yo soy el que soy" (Éx. 3:14). Él es desde la eternidad y hasta la eternidad. Hechos 17:28 dice correctamente: "En él vivimos, y nos movemos, y somos". No podemos vivir, movernos o ser sin su vida. Pero Él siempre ha vivido, se ha movido y ha sido. Esta es la descripción ontológica más pura de Dios; y decir que Jesús es la "vida" es decir la verdad más pura sobre la naturaleza divina que Jesús posee. Y, como en el versículo 3, entonces Él es el Creador.

Aunque Jesús el Creador es la fuente de todo y de todos los vivos, la palabra "vida" del Evangelio de Juan siempre es una traducción de *zoé*, término que Juan usa para la vida espiritual o eterna. Esta la imparte Dios por su gracia soberana (6:37, 39, 44, 65; cp. Ef. 2:8) a todo aquel que crea en Jesucristo para salvación (1:12; 3:15-16, 36; 6:40, 47; 20:31; cp. Hch. 16:31; Ro. 10:9-10; 1 Jn. 5:1, 11-13). Y Cristo vino para eso al mundo (10:10; cp. 6:33): a impartir vida espiritual a los pecadores muertos en sus "delitos y pecados" (Ef. 2:1).

Aunque es apropiado hacer algunas distinciones entre la vida y la luz, la declaración "la vida era la luz" acaba con la falta de relación entre las dos. En realidad, Juan está escribiendo que la vida y la luz no se pueden separar. Son esencialmente iguales, con la idea de que la luz enfatiza la manifestación de la vida divina. "La vida era la luz" tiene la misma construcción de "el Verbo era Dios" (v. 1). Como Dios no está separado del Verbo, sino que son la misma cosa en esencia, así también la vida y la luz comparten las mismas propiedades esenciales.

La luz se combina con la vida en una metáfora cuyo propósito es clarificar y contrastar. La vida de Dios es verdadera y santa. La "luz" es esa verdad y santidad manifiesta contra la oscuridad de las mentiras y el pecado. La luz y la vida tienen el mismo enlace en Juan 8:12, donde Jesús afirma: "Yo soy la luz del mundo; el que me sigue, no andará en tinieblas, sino que tendrá la luz de la vida".

La relación entre la luz y la vida también es clara en el Antiguo Testamento. El Salmo 36:9 dice: "Porque contigo está el manantial de vida; en tu luz veremos luz". "La luz del evangelio de la gloria de Cristo, el cual es la imagen de Dios" (2 Co. 4:4) no es más que el brillo de la vida manifiesta y radiante de Dios en su Hijo. Pablo dice específicamente: "Dios… es el que resplandeció en nuestros corazones, para iluminación del conocimiento de la gloria de Dios en la faz de Jesucristo" (v. 6). De modo que la luz es la vida de Dios manifestada en Cristo.

La luz tiene su propia importancia, además de su relación con la vida, como se ve en el contraste entre la luz y la oscuridad, un tema común en las Escrituras. En lo intelectual, la luz se refiere a la verdad (Sal. 119:105; Pr. 6:23; 2 Co. 4:4) y la oscuridad a la falsedad (Ro. 2:19); en lo moral, la luz se refiere a la santidad (Ro. 13:12; 2 Co. 6:14; Ef. 5:8; 1 Ts. 5:5) y la oscuridad al pecado (Pr. 4:19; Is. 5:20; Hch. 26:18). El reino de Satanás es "la potestad de las tinieblas" (Col. 1:13; cp. Lc. 22:53; Ef. 6:12), pero Jesús es la fuente de la "vida" (11:25; 14:16; cp. Hch. 3:15; 1 Jn. 1:1) y la "luz" que "en las tinieblas resplandece", en las tinieblas del mundo perdido (8:12; 9:5; 12:35-36, 46).

A pesar de los ataques desesperados y frenéticos de Satanás a la "luz, las tinieblas no prevalecieron contra ella". *Katalambáno* ("prevalecieron") puede traducirse mejor como "vencer". Aun una vela pequeña puede expulsar la oscuridad en una habitación; la "luz" gloriosa y brillante de nuestro Señor Jesucristo destruirá completamente el reino de oscuridad de Satanás. Él vino al mundo, "las tinieblas van pasando, y la luz verdadera ya alumbra" (1 Jn. 2:8).

Entonces, según se desprende de este versículo, no es que las "tinieblas" no entendieran la verdad sobre Jesús; al contrario, las fuerzas de la oscuridad lo conocen muy bien. En Mateo 8:29 algunos demonios clamaron diciendo: "¿Qué tienes con nosotros,

Jesús, Hijo de Dios? ¿Has venido acá para atormentarnos antes de tiempo?". Jesús, en la casa de Pedro en Capernaum, "echó fuera muchos demonios; y no dejaba hablar a los demonios, porque le conocían" (Mr. 1:34). Lucas 4:41 dice que "salían demonios de muchos, dando voces y diciendo: Tú eres el Hijo de Dios. Pero él los reprendía y no les dejaba hablar, porque sabían que él era el Cristo". En Lucas 4:34, un demonio aterrorizado le suplicaba: "Déjanos; ¿qué tienes con nosotros, Jesús nazareno? ¿Has venido para destruirnos? Yo te conozco quién eres, el Santo de Dios". No era solo que los demonios conocieran la verdad sobre Cristo, además la creían. Santiago escribió: "Tú crees que Dios es uno; bien haces. También los demonios creen, y tiemblan" (Stg. 2:19).

Como Satanás y sus demonios entienden muy bien el juicio que les espera, han intentado por todos los medios extinguir la "luz" a lo largo de toda la historia. Satanás intentó destruir a Israel en el Antiguo Testamento, la nación de la cual vendría el Mesías. También intentó destruir la línea real de la cual descendería el Mesías (2 R. 11:1-2). En el Nuevo Testamento, instigó el intento inútil de Herodes por matar al niño Jesús (Mt. 2:16). Al comienzo del ministerio terrenal de Jesús, Satanás intentó tentarlo, en vano, para alejarlo de la cruz (Mt. 4:1-11). Después volvió a intentar la tentación por medio de sus más cercanos seguidores (Mt. 16:21-23). Aun el triunfo aparente de Satanás en la cruz marcó en realidad su derrota final (Col. 2:15; He. 2:14; cp. 1 Jn. 3:8).

Del mismo modo, los incrédulos se pierden eternamente no por no haber conocido la verdad, sino por rechazarla:

> Porque la ira de Dios se revela desde el cielo contra toda impiedad e injusticia de los hombres que detienen con injusticia la verdad; porque lo que de Dios se conoce les es manifiesto, pues Dios se lo manifestó. Porque las cosas invisibles de él, su eterno poder y deidad, se hacen claramente visibles desde la creación del mundo,

siendo entendidas por medio de las cosas hechas, de modo que no tienen excusa. Pues habiendo conocido a Dios, no le glorificaron como a Dios, ni le dieron gracias, sino que se envanecieron en sus razonamientos, y su necio corazón fue entenebrecido (Ro. 1:18-21).

Si una persona rechaza la deidad de Cristo, no puede ser salva; Él mismo dijo en Juan 8:24: "Por eso os dije que moriréis en vuestros pecados; porque si no creéis que yo soy, en vuestros pecados moriréis". Es apropiado, pues, que Juan comience su Evangelio, donde se enfatiza tan fuertemente la deidad de Cristo (cp. 8:58; 10:28-30; 20:28), con la afirmación poderosa de esa verdad esencial.

---- ∝∝ ----

Capítulo 2

LA PREEMINENCIA GLORIOSA DE JESUCRISTO

Colosenses 1:15-19

Él es la imagen del Dios invisible, el primogénito de toda creación. Porque en él fueron creadas todas las cosas, las que hay en los cielos y las que hay en la tierra, visibles e invisibles; sean tronos, sean dominios, sean principados, sean potestades; todo fue creado por medio de él y para él. Y él es antes de todas las cosas, y todas las cosas en él subsisten; y él es la cabeza del cuerpo que es la iglesia, él que es el principio, el primogénito de entre los muertos, para que en todo tenga la preeminencia; por cuanto agradó al Padre que en él habitase toda plenitud. (Col. 1:15-19)

La Biblia es el libro por excelencia que habla del Señor Jesucristo. El Antiguo Testamento registra la preparación para su venida. Los evangelios lo presentan como Dios hecho carne que vino al mundo para salvar a los pecadores. En Hechos, el mensaje salvador de Cristo comienza a expandirse por todo el mundo. Las epístolas explican la teología de la obra de Cristo y su personificación en su cuerpo, la iglesia. Al final, Apocalipsis muestra a Cristo en el trono reinando como Rey de reyes y Señor de señores.

Cada pasaje de las Escrituras da testimonio de Jesucristo. Lucas 24:27 dice: "Y comenzando desde Moisés, y siguiendo por todos los profetas, les declaraba en todas las Escrituras lo que de él decían". En Juan 5:39, Jesús dijo de las Escrituras: "ellas son las que dan testimonio de mí". Felipe usó el libro de Isaías para hablar de Cristo al etíope (Hch. 8:35).

Sin embargo, de todas las enseñanzas acerca de Jesucristo, ninguna es tan reveladora como Colosenses 1:15-19. Este tremendo y poderoso pasaje destruye por completo cualquier duda o confusión sobre la verdadera identidad de Jesús. Es crucial para entender correctamente la fe cristiana.

Gran parte de la herejía que amenazaba a la iglesia de Colosas se centraba en la persona de Cristo. Los herejes negaban su humanidad argumentando que Cristo era uno entre muchos de los espíritus que emanaban de Dios. Enseñaban una forma de dualismo filosófico suponiendo que el espíritu era bueno y la materia mala. De ahí que una emanación buena como Cristo nunca podría encarnarse en la materia que se consideraba mala. La idea de que Dios pudiera hacerse hombre les parecía absurda. De esta manera negaban también su deidad.

Según los herejes, Cristo tampoco era suficiente para alcanzar la salvación. Además del evangelio de Cristo, esta requería un conocimiento superior, místico y oculto. Practicaban la adoración a las emanaciones buenas (ángeles) y observaban las leyes ceremoniales judías.

En Colosenses 1–3, Pablo ataca de frente la herejía colosense. Refuta su negación de la humanidad de Cristo, señalando que en Él "habita corporalmente toda la plenitud de la Deidad" (2:9). Asimismo, desecha su adoración a los ángeles (2:18) y sus ritos (2:16-17). Niega por completo la necesidad de cualquier conocimiento oculto para la salvación, declarando que en Cristo "están escondidos todos los tesoros de la sabiduría y del conocimiento" (2:3; cp. 1:27; 3:1-4).

Sin duda, el aspecto más grave de la herejía colosense era su rechazo a la deidad de Cristo. Antes de tratar otros temas, Pablo defiende con fuerza esta crucial doctrina. Los cristianos debemos seguir el modelo que dejó Pablo para confrontar las herejías. El punto central de la discusión debe ser la deidad de Jesucristo. En Colosenses 1:15-19, Pablo revela la verdadera identidad de nuestro Señor en su relación con Dios, el universo, el mundo invisible y la iglesia.

JESUCRISTO EN RELACIÓN CON DIOS

Él es la imagen del Dios invisible, el primogénito de toda creación. (Col. 1:15)

Como ya se ha visto, los herejes consideraban a Jesús como uno más dentro de la serie descendiente de espíritus emanados de Dios. Pablo desmiente esta afirmación con dos poderosas descripciones de la verdadera identidad de Jesús. En primer lugar, lo describe como "la imagen del Dios invisible". *Eikón* ("imagen") significa "imagen" o "semejanza". De este se origina el término "icono", que se refiere a una estatua. Está presente en Mateo 22:20 al referirse a la imagen de César en una moneda, y en Apocalipsis 13:14 a la estatua del anticristo.

Aunque el hombre es también creado a imagen de Dios (1 Co. 11:7; cp. Gn. 1:26-27), no es su imagen total. Su personalidad racional evidencia que fue hecho a la imagen de Dios y, al igual que Dios, posee inteligencia, emociones y voluntad que le permiten pensar, sentir y decidir. Sin embargo, los seres humanos no somos la imagen de Dios en lo moral, puesto que Él es santo y nosotros pecadores. Tampoco en nuestra esencia somos creados a su imagen. No poseemos atributos exclusivos de Dios tales como su omnipotencia, inmutabilidad u omnipresencia. Somos humanos, no divinos.

La caída desfiguró la imagen original de Dios en el hombre.

Antes de la caída, Adán y Eva eran inocentes, libres de pecado e inmortales. Perdieron estas cualidades en el momento de pecar. No obstante, cuando una persona pone su fe en Cristo, recibe la promesa de que la imagen de Dios será restaurada en ella. "Porque a los que antes conoció, también los predestinó para que fuesen hechos conformes a la imagen de su Hijo" (Ro. 8:29; cp. 2 Co. 3:18; Col. 3:10). Cuando los creyentes hayamos finalmente alcanzado la vida eterna, Dios nos hará libres de pecado como Cristo.

A diferencia del hombre, Jesucristo es perfecto y la imagen exacta de Dios. No adoptó la imagen de Dios en el momento de la encarnación, sino que ha sido su imagen desde la eternidad. Hebreos 1:3 define a Jesús como "el resplandor de su gloria [de Dios]". Cristo refleja los atributos de Dios de la misma manera que los rayos solares reflejan al sol. Más aún, Cristo es "la imagen misma de su sustancia [de Dios]". *Jaraktér* ("la imagen misma") se refiere a un grabado o un sello. Jesús es la imagen exacta de Dios. En todo es como Dios (Fil. 2:6). Es por eso que podía afirmar: "El que me ha visto a mí, ha visto al Padre" (Jn. 14:9). En Cristo, el Dios invisible se hizo visible, "y vimos su gloria, gloria como del unigénito del Padre" (Jn. 1:14).

Al usar el término *eikón*, Pablo recalca que Jesús es tanto la imagen como la manifestación de Dios. Es la revelación completa, definitiva y plena de Dios. *Es* Dios en carne humana. Esto fue lo que Cristo mismo declaró (Jn. 8:58; 10:30-33) y es el testimonio unánime de las Escrituras (cp. Jn. 1:1; 20:28; Ro. 9:5; Fil. 2:6; Col. 2:9; Tit. 2:13; He. 1:8; 2 P. 1:1). Pensar menos de Cristo es blasfemia, y evidencia una mente cegada por Satanás (2 Co. 4:4).

Pablo describe también a Cristo como "el primogénito de toda creación". Desde los arrianos hasta los Testigos de Jehová de nuestros días, aquellos que niegan la deidad del Señor han buscado justificarse con esta frase. Argumentan que Cristo es un ser creado y que, por lo tanto, no puede ser el Dios eterno. Esta interpretación desvirtúa por completo el sentido de *prototókos* ("primogénito") y desconoce el contexto.

Si bien *prototókos* puede referirse al primogénito en orden cronológico (Lc. 2:7), su principal significado se relaciona con la posición o el rango. Tanto en la cultura griega como en la judía, el primogénito era el hijo con derecho a la herencia. No era siempre el que había nacido en primer lugar. Aunque Esaú nació primero en orden cronológico, fue Jacob el "primogénito" que recibió la herencia. Jesús es aquel que tiene el derecho a la herencia de toda la creación (cp. He. 1:2; Ap. 5:1-7, 13).

Israel es llamado el primogénito de Dios en Éxodo 4:22 y Jeremías 31:9. Aunque no fue el primer pueblo en nacer, ocupó el primer lugar a los ojos de Dios entre todas las demás naciones. En Salmos 89:27, Dios dice del Mesías: "Yo también le pondré por primogénito", y luego afirma lo que significa: "El más excelso de los reyes de la tierra". En Apocalipsis 1:5, Jesús es llamado "el primogénito de los muertos", aunque no haya sido la primera persona en resucitar en orden cronológico. Él es preeminente entre todos los resucitados. Romanos 8:29 habla de Él como el primogénito en relación con la iglesia. En todos los casos anteriores, primogénito señala, sin duda, la superioridad en rango, no el orden al ser creado.

Hay muchas más razones para refutar la idea de que "primogénito" señala a Jesús como un ser creado. Dicha interpretación contradice por completo la descripción de Jesús como *monogenés* ("unigénito" o "único") en Juan 1:18. Junto con Teodoreto, padre de la iglesia primitiva, podríamos preguntarnos: "si Cristo fue unigénito, ¿podría ser primogénito? Y luego, si fuera primogénito, ¿cómo podría ser unigénito?". ¿Cómo es posible que sea el primero entre muchos de su clase y al mismo tiempo el único miembro de su clase? No obstante, resulta fácil confundirse si asumimos el significado de "creado primero" o "nacido primero". Además de eso, cuando el *prototókos* forma parte de la clase a la cual se refiere, esta es plural (cp. Col. 1:18; Ro. 8:29). No obstante, creación es singular. Por último, si Pablo quisiera sugerir que Cristo era el primer ser creado, ¿por qué no utilizó la palabra griega *protoktistos*, que significa "creado primero"?

Esta interpretación de *prototókos* también desconoce el contexto: tanto el contexto general de la epístola como el contexto específico del pasaje. Si Pablo estuviera enseñando aquí que Cristo es un ser creado, estaría aceptando el punto central de la herejía colosense. Esta enseñaba que Cristo era un ser creado, la más prominente de las emanaciones de Dios. Dicha enseñanza estaría en franca contradicción con el objetivo de su epístola, que era refutar las falsas enseñanzas en Colosas.

Interpretar *prototókos* para señalar que Cristo es un ser creado choca también con la armonía del contexto inmediato. Pablo acaba de describir a Cristo como la imagen perfecta y completa de Dios. En el versículo siguiente se refiere a Él como el Creador de todo lo que existe. ¿Cómo es posible que fuera Él mismo un ser creado? Más aún, el versículo 17 declara: "él es antes de todas las cosas". Cristo existía antes de que todo fuera creado (cp. Mi. 5:2). Y solo Dios existía antes de la creación.

Lejos de ser una entre muchas emanaciones procedentes de Dios, Jesús es su imagen perfecta. Es el heredero preeminente sobre toda la creación (el genitivo *ktiseos* se traduce mejor "sobre" y no "de"). Jesús existía desde antes de la creación, y también es exaltado en rango sobre ella. Estas verdades determinan quién es en relación con Dios. También rebaten los planteamientos de los falsos maestros. Pero Pablo no ha terminado aún; el siguiente punto refuta otra falsa enseñanza de los herejes colosenses.

JESUCRISTO EN RELACIÓN CON EL UNIVERSO

Porque en él fueron creadas todas las cosas, las que hay en los cielos y las que hay en la tierra, visibles e invisibles; sean

tronos, sean dominios, sean principados, sean potestades; todo fue creado por medio de él y para él. Y él es antes de todas las cosas, y todas las cosas en él subsisten; (Col. 1:16-17)

Pablo cita tres razones que confirman la primacía de Jesús sobre la creación. Primera, Él es el Creador. Los falsos maestros de Colosas consideraban a Jesús como la primera y más importante de todas las emanaciones de Dios, pero creían asimismo que solo un ser muy por debajo de su nivel pudo haber creado el universo material. Pablo refuta esta blasfemia insistiendo que por Él fueron creadas todas las cosas. Esta verdad es ratificada por el apóstol Juan (Jn. 1:3) y por el autor de Hebreos (He. 1:2). Puesto que los herejes de Colosas pensaban que la materia era mala, declaraban que era imposible que Dios, siendo bueno, o cualquier emanación buena, pudiera haberla creado. Pero Pablo sostiene que Jesús creó todas las cosas, en los cielos y en la tierra, visibles e invisibles. Niega la falsa filosofía del dualismo de la herejía colosense. Jesús es Dios, y creó el universo material.

El poder y la sabiduría del Creador

Al estudiar la creación, podemos hacernos una idea del poder, del conocimiento y de la sabiduría del Creador. La sola dimensión del universo es asombrosa. El sol, por ejemplo, tiene un diámetro de casi 1.400.000 kilómetros (cien veces más que la Tierra) y podría contener 1,3 millones de planetas del tamaño de la Tierra. Por otro lado, la estrella Betelgeuse tiene un diámetro de 160 millones de kilómetros, una distancia mayor a la órbita de la Tierra alrededor del sol. La luz del sol se desplaza a 300.000 kilómetros por segundo y requiere 8,5 minutos para llegar a la Tierra. Ahora bien, esa misma luz tardaría más de cuatro años en llegar a la estrella más cercana, Alfa de Centauro, ubicada a unos 38 billones de kilómetros de la Tierra. La galaxia a la cual pertenece nuestro sol, la Vía

Láctea, abarca billones de estrellas. Los astrónomos estiman que hay millones y aun billones de galaxias. Lo que han observado les permite calcular el número de estrellas en el universo en 10^{25}. Eso es aproximadamente el número total de granos de arena de todas las playas del mundo.

El universo también da testimonio de la grandiosa sabiduría y conocimiento de su Creador. Los científicos ahora hablan del principio antrópico que declara: "Parece que el universo fue diseñado con gran esmero para preservar el bienestar de la humanidad".[1] Un simple cambio en la velocidad de rotación de la Tierra alrededor del sol o en su eje resultaría catastrófico. La Tierra podría calentarse o enfriarse demasiado para hacer posible la vida. Si la luna estuviera mucho más cerca de la Tierra, enormes olas inundarían los continentes. Una variación en la composición de los gases de la atmósfera sería también mortífera para la vida. Un ligero cambio en la masa del protón resultaría en la desintegración de los átomos de hidrógeno, lo cual llevaría a la destrucción del universo pues el hidrógeno es su principal elemento.

La creación da testimonio en silencio de la inteligencia de su Creador. Max Planck, ganador del Premio Nobel y uno de los fundadores de la física moderna, escribió:

> Según nuestra comprensión global de las cosas mediante las ciencias exactas, cierto orden prevalece en el inmenso reino de la naturaleza, independiente de la mente humana... este orden puede definirse en términos de una actividad con propósito determinado. Existe evidencia de un orden inteligente en el universo, al cual tanto el hombre como la naturaleza están subordinados.[2]

---

1. Donald B. DeYoung, "Design in Nature: The Anthropic Principle", *Impact*, no. 149, noviembre de 1985, p. ii.
2. Citado en DeYoung, "Design in Nature", p. iii.

Una declaración de Dios por su creación

No resulta sorprendente que el salmista haya escrito: "Los cielos cuentan la gloria de Dios, y el firmamento anuncia la obra de sus manos. Un día emite palabra a otro día, y una noche a otra noche declara sabiduría. No hay lenguaje, ni palabras, ni es oída su voz. Por toda la tierra salió su voz, y hasta el extremo del mundo sus palabras" (Sal. 19:1-4).

El testimonio de la naturaleza acerca de su Creador es tan evidente que solo la incredulidad obstinada podría desecharlo. Pablo escribe en Romanos 1:20: "Porque las cosas invisibles de él, su eterno poder y deidad, se hacen claramente visibles desde la creación del mundo, siendo entendidas por medio de las cosas hechas, de modo que no tienen excusa". Al igual que quienes niegan la deidad de Cristo, los que lo rechazan como Creador exhiben una mente entenebrecida por el pecado y cegada por Satanás.

El sustentamiento de la creación por Jesús

Jesús también tiene primacía sobre la creación porque Él es antes de todas las cosas. Antes de que el universo comenzara, Él ya existía (Jn. 1:1-2; 1 Jn. 1:1). Jesús les dijo a los judíos en Juan 8:58: "De cierto, de cierto os digo: Antes que Abraham fuese, yo soy" (no dijo: "yo era"). Así afirma que Él es Yahvé, el Dios eterno. El profeta Miqueas dijo de Él: "sus salidas son desde el principio, desde los días de la eternidad" (Mi. 5:2). Apocalipsis 22:13 lo describe como "el Alfa y la Omega, el principio y el fin, el primero y el último". Como se mencionó anteriormente, cualquiera que existiera antes de que el tiempo comenzara en la creación, es eterno. Y solo Dios es eterno.

Una tercera razón que evidencia la primacía de Jesús sobre la creación es que en Él subsisten todas las cosas. Jesús no solo creó el universo, sino que también lo sustenta. Podría decirse que Él mantiene unidas todas las cosas. Es el poder que subyace tras el universo. Es la fuerza de gravedad, centrífuga y centrípeta. Es quien mantiene a todos los cuerpos del espacio en movimiento. Es la energía del universo. En su libro *The Atom Speaks* [El átomo habla], D. Lee Chesnut describe el enigma de por qué el núcleo del átomo se mantiene unido:

> Imagine la dificultad que enfrenta el físico nuclear cuando al fin contempla en absoluta estupefacción el patrón trazado del núcleo de oxígeno. Pues allí hay ocho protones de carga positiva unidos estrechamente en los límites de su diminuto núcleo. Junto con ellos hay ocho neutrones: un total de dieciséis partículas, ocho con carga positiva y ocho sin carga.
>
> Los primeros físicos descubrieron que las cargas de electricidad similares y los polos magnéticos similares se repelen, y que las cargas o polos opuestos se atraen. Toda la historia del fenómeno y del equipamiento eléctrico se ha construido sobre estos principios conocidos como la ley Coulomb de la fuerza electrostática, sobre la ley del magnetismo. ¿Qué sucedió? ¿Qué mantiene unido al núcleo? ¿Por qué no se desintegra? Y aún más, ¿por qué todos los átomos no se desintegran?[3]

Chesnut prosigue describiendo los experimentos realizados en los años veinte y treinta del siglo XX que confirmaban la ley de Coulomb aplicada al núcleo del átomo. Se utilizaron poderosos desintegradores de átomos para lanzar protones al núcleo de los átomos. De esta manera, los científicos entendieron mejor la increíblemente poderosa fuerza que mantiene unidos a los protones en el núcleo, a la que llamaron "la poderosa fuerza nuclear", pero no han logrado dar razón de su existencia. El físico George Gamow, uno de los fundadores de la teoría de la gran explosión

---

3. D. Lee Chesnut, *The Atom Speaks* (San Diego: Creation-Science Research Center, 1973), pp. 31-33.

sobre el origen del universo, escribió: "El hecho de vivir en un mundo donde casi todos los objetos pueden ser explosivos nucleares, sin volar en pedazos, se debe a la extrema dificultad de lograr dar inicio a una reacción nuclear".[4] Karl K. Darrow, físico de los laboratorios Bell, añade:

> Usted entiende lo que esto significa. Significa que no existe razón alguna que justifique la existencia del núcleo. En efecto, no podría haber sido creado. Y, si lo fue, hubiera explotado de inmediato. Con todo, ahí subsisten... Algún impedimento inexorable los mantiene unidos. La naturaleza de este impedimento es un misterio... uno que la naturaleza se ha reservado para sí.[5]

Un día, Dios desintegrará la poderosa fuerza nuclear. Pedro describe ese día como uno en el cual "los cielos pasarán con grande estruendo, y los elementos ardiendo serán deshechos, y la tierra y las obras que en ella hay serán quemadas" (2 P. 3:10). Una vez que la poderosa fuerza nuclear deje de operar, la ley de Coulomb entrará en acción, y el núcleo de los átomos será disparado. En sentido literal, el universo explotará. Mientras ese día llega, podemos dar gracias al saber que Cristo "sustenta todas las cosas con la palabra de su poder" (He. 1:3). Jesucristo debe ser Dios. Él creó el universo, existía aparte y antes de este, y lo preserva.

JESUCRISTO EN RELACIÓN CON EL MUNDO INVISIBLE

sean tronos, sean dominios, sean principados, sean potestades; (Col. 1:16*b*)

"Tronos, dominios, principados y potestades" son las diversas jerarquías de ángeles. Jesús no es un ángel, como pretendían

---

4. Citado en Chesnut, *The Atom Speaks*, p. 38.
5. Ibíd., p. 38.

enseñar los herejes, sino que Él mismo creó a los ángeles. El autor de Hebreos también hace esta importante distinción entre Cristo y los ángeles: "Ciertamente de los ángeles dice: El que hace a sus ángeles espíritus, y a sus ministros llama de fuego. Mas del Hijo dice: Tu trono, oh Dios, por el siglo del siglo; cetro de equidad es el cetro de tu reino" (He. 1:7-8). Jesús ha sido exaltado "sobre todo principado y autoridad y poder y señorío, y sobre todo nombre que se nombra, no solo en este siglo, sino también en el venidero" (Ef. 1:21). Esto, "para que en el nombre de Jesús se doble toda rodilla de los que están en los cielos, y en la tierra, y debajo de la tierra" (Fil. 2:10). Pedro se une a esta verdad diciendo: "quien [Cristo] habiendo subido al cielo está a la diestra de Dios; y a él están sujetos ángeles, autoridades y potestades" (1 P. 3:22).

Las Escrituras son claras al afirmar que Jesús no es un ángel, sino el Creador de los ángeles. Está por encima de los ángeles, que en realidad lo adoran y están bajo su autoridad. La relación de Jesús con el mundo invisible, al igual que su relación con el universo visible, prueba que Él es Dios.

JESUCRISTO EN RELACIÓN CON LA IGLESIA

y él es la cabeza del cuerpo que es la iglesia, él que es el principio, el primogénito de entre los muertos, para que en todo tenga la preeminencia; por cuanto agradó al Padre que en él habitase toda plenitud (Col. 1:18-19)

Pablo presenta cuatro grandes verdades acerca de la relación de Cristo con la Iglesia.

Cristo es la cabeza de la Iglesia

Se usan muchas metáforas en las Escrituras para describir a la Iglesia. Se la compara con una familia, un reino, un viñedo, un rebaño, un edificio y una novia. Pero la imagen más profunda, sin paralelo en el Antiguo Testamento, es la del cuerpo. La Iglesia es un cuerpo, y Cristo es su cabeza. Este concepto no se usa en el sentido de la cabeza de una compañía, sino que señala a la Iglesia como un organismo viviente, unido de manera inseparable por Cristo. Él controla cada parte del cuerpo y le da vida y dirección. Su vida expresada a través de cada miembro del cuerpo le confiere unidad (cp. 1 Co. 12:12-20). Él fortalece y coordina la diversidad de dones y ministerios al interior del cuerpo (1 Co. 12:4-13). De la misma manera dirige al cuerpo a la reciprocidad, pues cada miembro sostiene a los demás y les sirve (1 Co. 12:15-27). Cristo no es un ángel que sirve a la Iglesia (cp. He. 1:14). Él es la cabeza de su Iglesia.

Cristo es el principio de la Iglesia

La palabra "principio" (*arjé*) se usa aquí en el doble sentido de origen y de primacía. La Iglesia se origina en Jesús. Dios "nos escogió en él antes de la fundación del mundo, para que fuésemos santos y sin mancha delante de él" (Ef. 1:4). Es Él quien da vida a su Iglesia. Su muerte en sacrificio y su resurrección por nosotros nos dieron vida nueva. Jesús, como Cabeza del Cuerpo, tiene la posición suprema, la jerarquía más alta en la Iglesia. Siendo su principio, es Él quien le dio origen.

Cristo es el primogénito de entre los muertos

Una vez más, "primogénito" traduce *prototókos*. De entre todos los que han resucitado de la muerte o que lo harán, Cristo es supremo en jerarquía.

Cristo es preeminente

Como resultado de su muerte y resurrección, Jesús tiene el primer lugar en todo. Pablo lo recalca resumiéndolo en el versículo 18.

Quiere insistir, tanto como le es posible, que Jesús no es una simple emanación de Dios, porque:

> se humilló a sí mismo, haciéndose obediente hasta la muerte, y muerte de cruz... Dios también le exaltó hasta lo sumo, y le dio un nombre que es sobre todo nombre, para que en el nombre de Jesús se doble toda rodilla de los que están en los cielos, y en la tierra, y debajo de la tierra; y toda lengua confiese que Jesucristo es el señor, para gloria de Dios Padre (Fil. 2:8-11).

Jesús reina soberano en el mundo visible, en el mundo invisible y en la Iglesia. Pablo recopila su argumento en el versículo 19: "por cuanto agradó al Padre que en él habitase toda plenitud". La palabra traducida "plenitud" (*pléroma*) fue un término utilizado por los ulteriores gnósticos para referirse a los poderes y atributos divinos, que, según sus creencias, se subdividían en diversas emanaciones. Los herejes de Colosas también lo utilizaban en este sentido. Pablo se opone a esta falsa enseñanza declarando que toda la plenitud de la Deidad no está fraccionada ni dividida en pequeñas partes para un grupo variado de espíritus, sino que habita en su totalidad en Cristo y solo en Él (cp. 2:9). El comentarista J. B. Lightfoot escribió acerca del uso que Pablo da al término *pléroma* en este pasaje:

> Por un lado, en relación con la deidad, Él es la imagen visible del Dios invisible. No es tan solo la manifestación suprema de la naturaleza divina: Él contiene toda la deidad. En Él residen todos los poderes y atributos divinos. Los maestros gnósticos tenían una locución técnica para referirse a esta totalidad, que es *pléroma* o plenitud... a diferencia de su doctrina, [Pablo] reitera que la *pléroma* habita total y plenamente en Cristo que es la Palabra de Dios. Toda la luz se concentra en Él.[6]

---

6. J. B. Lightfoot, *St. Paul's Epistles to the Colossians and to Philemon* (1879; Grand Rapids: Zondervan, 1959, reimpresión), p. 102.

Pablo les dice a los colosenses que no necesitan recurrir a los ángeles para ayudarles a entrar en el cielo. En cambio, en Cristo, y solo en Él, ellos están completos (2:10). Los cristianos somos partícipes de su plenitud: "Porque de su plenitud tomamos todos, y gracia sobre gracia" (Jn. 1:16). Toda la plenitud de Cristo está disponible para los creyentes.

¿Cuál debe ser entonces nuestra respuesta ante las gloriosas verdades de Cristo en este pasaje? El puritano John Owen escribió con gran agudeza:

> La revelación de Cristo en el bendito evangelio supera sin medida en excelencia, gloria, sabiduría divina y bondad a toda la creación y a su correcta y posible comprensión. Sin este conocimiento la mente humana, aunque insista en ufanarse de sus descubrimientos e invenciones, permanece envuelta en tinieblas y confusión.
>
> Esta revelación exige, por lo tanto, la más grande exigencia de nuestro pensamiento, la más excelente de nuestras meditaciones y la suma diligencia de nuestra parte. Porque si nuestra felicidad y gloria radican en vivir donde Él vive, y contemplar su gloria, ¿qué mejor preparación para esto, sino la previa y constante contemplación de esa gloria tal como ha sido revelada en el evangelio, y ser luego transformados en su misma gloria?[7]

7. John Owen, *The Glory of Christ* (Chicago: Moody, 1949, reimpresión), pp. 25-26.

Segunda parte

—◦⊰◦⊱◦—

LA AUTORIDAD DIVINA DE CRISTO

Capítulo 3

---∽∞∾---

LA AUTORIDAD DE CRISTO SOBRE SATANÁS Y LOS DEMONIOS

MARCOS 1:21-28

Y entraron en Capernaum; y los días de reposo, entrando en la sinagoga, enseñaba. Y se admiraban de su doctrina; porque les enseñaba como quien tiene autoridad, y no como los escribas. Pero había en la sinagoga de ellos un hombre con espíritu inmundo, que dio voces, diciendo: ¡Ah! ¿qué tienes con nosotros, Jesús nazareno? ¿Has venido para destruirnos? Sé quién eres, el Santo de Dios. Pero Jesús le reprendió, diciendo: ¡Cállate, y sal de él! Y el espíritu inmundo, sacudiéndole con violencia, y clamando a gran voz, salió de él. Y todos se asombraron, de tal manera que discutían entre sí, diciendo: ¿Qué es esto? ¿Qué nueva doctrina es esta, que con autoridad manda aun a los espíritus inmundos, y le obedecen? Y muy pronto se difundió su fama por toda la provincia alrededor de Galilea. (Mr. 1:21-28)

La pregunta más fundamental de la vida es: "¿Quién es Jesucristo?". Nada es más esencial, sea para esta vida o para la venidera, que saber la verdad acerca de Jesús. Sin embargo, pocos parecen seriamente interesados en el entendimiento correcto de quién es Él y por qué vino. Es muy triste que muchas personas supongan de modo ciego que Jesús fue tan solo un buen maestro, un idealista moral, o un activista social incomprendido cuya vida terminó en tragedia hace dos mil años. Así no es como la Biblia lo presenta, ni tal cosa está de acuerdo con lo que Él declaró ser.

El Evangelio de Marcos (igual que los otros tres) proporciona una respuesta definitiva a esa pregunta. En el mismo primer versículo, Marcos declara que Jesús es el Cristo —el Rey mesiánico— y el Hijo de Dios. Él es el soberano divinamente ungido a quien le corresponden todas las prerrogativas de la realeza. Además, Jesús es Dios encarnado, digno de toda gloria, honor y alabanza. Él es el Señor de señores, que posee toda autoridad tanto en el cielo como en la tierra (cp. Mt. 28:18). En consecuencia, la única respuesta correcta a su dominio soberano es someterse y adorarle como el eterno Rey de reyes y el glorioso Hijo de Dios.

Cualquier descripción de Jesús que socave o menosprecie su verdadera persona y posición no solo es inadecuada, sino blasfema. Aunque muchos lo humillan y desprecian ahora mismo, algún día todos lo reconocerán por quién es realmente. Esto es lo que el apóstol Pablo les dijo a los filipenses: "Para que en el nombre de Jesús se doble toda rodilla de los que están en los cielos, y en la tierra, y debajo de la tierra; y toda lengua confiese que Jesucristo es el Señor, para gloria de Dios Padre" (Fil. 2:10-11).

Marcos 1:21-28 es un pasaje que ilustra muy bien la autoridad soberana de Jesucristo y la obstinada renuencia de los pecadores incrédulos a reconocer esa autoridad y someterse a ella. El pasaje sigue a la introducción de Marcos (en vv. 1-20), en el que presenta cinco pruebas para demostrar que Jesús es realmente el divino Rey: Jesús fue precedido por un precursor real (1:2-8), experimentó una divina ceremonia de coronación (1:9-11), derrotó a su archienemigo el príncipe de las tinieblas (1:12-13), proclamó el mensaje del reino de salvación (1:14-15), y ordenó a los ciudadanos del reino que le siguieran (1:16-20). Anunciado por Juan, comisionado por el Padre, lleno del Espíritu, victorioso sobre el pecado y Satanás, y acompañado por sus discípulos, el Señor Jesús comenzó su ministerio público con todas las credenciales necesarias demostradas. Así que, de modo breve pero convincente, la introducción rápida, condensada y selectiva de Marcos establece el carácter mesiánico y la naturaleza divina del Señor Jesús. De aquí en adelante Marcos comienza a desarrollar el cuerpo del relato de su Evangelio, aminorando su paso para centrarse más intensamente en sucesos específicos del ministerio del Rey mesiánico.

ENFRENTAMIENTO DRAMÁTICO CON UN DEMONIO

La historia empieza en el versículo 21 con el relato inspirado de un incidente en el que Jesús demostró su autoridad sobre el reino demoníaco. En los versículos 12-20, Marcos ya ha resaltado la autoridad de Cristo sobre Satanás, el pecado, y los pecadores. En esta sección (vv. 21-28), el escritor continúa ese tema, enfocándose específicamente en un enfrentamiento espectacular un día de reposo entre Jesús y un demonio. Una vez más, la autoridad cósmica de Jesús se mostró vívidamente, despejando cualquier duda acerca de la capacidad del Rey para dominar demonios y destruir la esclavitud satánica que mantiene cautivos a los pecadores todo el tiempo hasta el infierno.

Contraste sorprendente en las respuestas

El pasaje en sí revela un sorprendente contraste entre la respuesta del pueblo ante la autoridad de Jesús y la respuesta de los demonios. Por una parte, el pueblo estaba asombrado por el poder y la autoridad de Jesús (vv. 22, 27). Las personas reaccionaron con asombro, curiosidad y sorpresa porque Él enseñaba como ningún otro que hubieran escuchado antes. Por otra parte, los demonios estaban aterrados por Cristo. Respondieron con horror, terror y pánico. Esas reacciones divergentes yacen en el núcleo del entendimiento del significado de este pasaje. Todos, los demonios y la gente eran pecadores; no obstante, solamente los demonios chillaron de miedo. Ellos entendían que Jesús era su Juez que los arrojaría al infierno. Las personas sin duda no lo entendieron.

Irónicamente, en la primera mitad del Evangelio de Marcos los únicos seres seguros de la verdadera identidad de Jesús fueron los demonios. Los dirigentes judíos le rechazaron (3:6, 22); las multitudes se mostraban curiosas, pero poco comprometidas (6:5-6; cp. Jn. 2:24); y hasta sus propios discípulos mostraron una persistente dureza de corazón (8:17). Pero los demonios lo sabían a ciencia cierta. Así lo explica Marcos: "Los espíritus inmundos, al verle, se postraban delante de él, y daban voces, diciendo: Tú eres el Hijo de Dios" (3:11). Puesto que sabían exactamente quién era Jesús y qué poder tenía, respondieron aterrados de que Él pudiera lanzarlos de inmediato al abismo (Lc. 8:31; cp. Ap. 9:1). Así clamó a gran voz un espíritu inmundo: "¿Qué tienes conmigo, Jesús, Hijo del Dios Altísimo? Te conjuro por Dios que no me atormentes" (5:7). Los demonios habían conocido al Hijo de Dios ya que Él los creó (Col. 1:16). Sus mentes antiguas estaban llenas de los detalles acerca de la rebelión celestial, la derrota y la expulsión que habían experimentado; eran conscientes del castigo eterno que aún les esperaba en el lago de fuego (Mt. 25:41). Es comprensible que los demonios estuvieran aterrados en la presencia de Jesús. Ahora que el Hijo había venido a la tierra para comenzar a establecer su gobierno, los ángeles malignos tenían todo motivo para estar atormentados por el terror.

No hay salvación para los ángeles caídos (He. 2:16). Sin embargo, los pecadores que llegan a tener una verdadera comprensión de la autoridad del Hijo de Dios, y a quienes les aterra la amenaza del infierno están invitados a huir de la ira y acudir con temor santo a Cristo para recibir el perdón y la gracia de la salvación. No obstante, la gran mayoría de pecadores que oyen las buenas nuevas del cielo todavía se niegan a temer el infierno y llegar a Cristo a fin de obtener el don de la salvación. Tal es la gran ironía descrita en este pasaje. Los demonios reconocieron quién era Jesús; sin embargo, no tienen ninguna posibilidad de salvación. A las multitudes se les ofreció perdón divino, pero estas se negaron a reconocer al Único que puede proporcionarlo. Dicho de otro modo, los demonios estaban aterrados y no podían ser salvos; las personas estaban asombradas y no serían salvas. En consecuencia, las sorprendidas personas (que no creerían) y los aterrados demonios (que sí "creen, y tiemblan" [Stg. 2:19]) finalmente irán a parar al mismo lago eterno de fuego (Ap. 20:10-15).

Es importante destacar que, durante el ministerio de Jesús, los demonios no le atacaron. Asaltaron las almas de individuos pecadores, pero no a Jesús. Es más, siempre que ocurrió un enfrentamiento, fue Jesús quien los atacó. La misma presencia de Cristo les infundía pánico frenético. Aunque invisibles a simple vista, ellos no eran invisibles para Él. Los demonios podían ocultarse de las personas, disfrazándose como ángeles de luz (2 Co. 11:14) y morar cómodamente dentro de los límites de la religión apóstata, pero no podían esconderse de la mirada omnisciente de Cristo. Debido al poder limitante del temor que sentían, en presencia de Él se les caía el disfraz.

PODER ABSOLUTO DE JESÚS SOBRE LOS DEMONIOS Y SATANÁS

Durante todo su ministerio, el dominio de Jesús sobre los demonios fue absoluto e incuestionable, señal de que Él poseía poder absoluto sobre el diablo y sobre toda la fuerza de ángeles caídos dentro "de la potestad de las tinieblas" (Col. 1:13). Con el fin de liberar a pecadores (Jn. 8:36), Jesús puede apabullar a Satanás, quien controla este sistema mundano (1 Jn. 5:19) cegando a los pecadores (2 Co. 4:3-4) y manteniéndolos cautivos (He. 2:14-15). Así lo explicó el apóstol Juan: "Para esto apareció el Hijo de Dios, para deshacer las obras del diablo" (1 Jn. 3:8). El nuevo Rey debía demostrar su poder para destronar a Satanás y rescatar de su cautiverio a los pecadores. Sin lugar a dudas, los demonios sabían a qué había venido el Hijo de Dios. Sabían que el Rey de salvación había llegado, y el príncipe de las tinieblas necesitaba que sus fuerzas espirituales hicieran todo lo que estuviera a su alcance para oponérsele.

Desde el principio del ministerio del Señor fue evidente que ellos no eran rivales para la autoridad soberana sin par de Jesús. Fue el poder divino el que los arrojó del cielo y el que un día los lanzará al infierno. Entre estos dos sucesos, durante el ministerio terrenal de Jesús la invencibilidad del Señor sobre el reino satánico se evidenció en cada encuentro con un demonio.

Este pasaje (1:21-28) relata uno de los muchos encuentros que debieron haber ocurrido. Aquí, mientras enseñaba en la sinagoga en Capernaum, Jesús enfrentó a un demonio traumatizado y desenmascarado. En 1:23, Marcos explica que el demonio "dio voces" a Jesús. El verbo traducido "dio voces" (*anakrázo*) significa gritar o chillar con fuerte emoción, y describe los chillidos de alguien que experimenta agonía intensa. El clamor agudo del demonio fue abrupto, perturbador y sorprendente. Marcos relaciona el pánico del ángel de las tinieblas a tres aspectos de la autoridad de Jesús: autoridad de su palabra, autoridad de su juicio, y autoridad de su poder.

LA AUTORIDAD DE LA PALABRA DE JESÚS

Y entraron en Capernaum; y los días de reposo, entrando en la sinagoga, enseñaba. Y se admiraban de su doctrina; porque les enseñaba como quien tiene autoridad, y no como los escribas. (Mr. 1:21-22)

Aunque no se habla de la reacción del demonio hasta el versículo 23, estos dos versículos describen la razón inicial para su arrebato. Su violenta protesta vino en respuesta inmediata a la enseñanza acreditada de Jesús. Las palabras de Cristo encendieron llamas de terror en la conciencia del demonio, que lo hicieron estallar con exclamaciones de terror y angustia.

Marcos presenta este episodio señalando que Jesús y sus recién llamados discípulos "entraron en Capernaum". El nombre Capernaum significa "pueblo de Nahúm". Es probable que esta fuera una referencia al pueblo natal del profeta Nahúm del Antiguo Testamento. Pero Nahúm también significa "compasión", lo que indica tal vez que el pueblo fue llamado así por sus compasivos residentes. Localizado en la orilla noroccidental del mar de Galilea, Capernaum era una próspera población pesquera. Fue aquí que Pedro, Andrés, Jacobo y Juan tenían su empresa de pesca, y donde Mateo trabajaba como recaudador de impuestos (Mt. 9:9). Construida sobre una importante carretera romana, la Vía Maris, Capernaum era una importante ciudad comercial. Según los historiadores, contaba con un paseo marítimo que se extendía casi ochocientos metros a lo largo y se asentaba sobre un muro de contención de tres metros. Desde allí se extendían dentro del agua muelles de unos treinta metros, lo que facilitaba el acceso a la ciudad de los barcos pesqueros. Contaba con una guarnición romana ubicada en la tetrarquía de Herodes Antipas, en la frontera del dominio de su hermano Felipe. Después que lo rechazaran en Nazaret (Mt. 4:13; Lc. 4:16-31), Jesús estableció allí su centro de operaciones durante su ministerio en Galilea (cp. Mr. 2:1).

Marcos sigue explicando que "los días de reposo", Jesús, "entrando en la sinagoga, enseñaba". Eso no era inusual, ya que Jesús siempre había tenido la costumbre de asistir a la sinagoga los días de reposo (cp. Lc. 4:16). El sistema judío de sinagogas

53

se había desarrollado inicialmente en el siglo VI a.C., durante el exilio babilónico. Antes del exilio, la adoración se centraba en un lugar, el templo en Jerusalén. Cuando el templo de Salomón fue destruido, y los judíos estuvieron en cautiverio durante setenta años, el pueblo comenzó a reunirse en pequeños grupos. Incluso después que los judíos regresaran a su tierra natal y reconstruyeran el templo, siguieron estructurando la vida comunitaria de aldeas y pueblos locales alrededor de lo que se habían vuelto sinagogas oficiales (la palabra griega traducida "sinagoga" significa "reunión" o "asamblea"). Como resultado, la sinagoga llegó a ser el centro de la vida comunitaria judía, un lugar de adoración local, una sala de reuniones, una escuela y una sala de audiencias. Tradicionalmente, una sinagoga podía formarse en cualquier lugar donde hubiera por lo menos diez hombres judíos. En consecuencia, las ciudades más grandes en el mundo antiguo a menudo contaban con muchas sinagogas.

El rabino visitante que enseñaba con autoridad

Una de las principales funciones de la sinagoga era la lectura pública y la explicación de las Escrituras, costumbre que se remonta al menos a la época de Nehemías. Una política conocida como "libertad de la sinagoga" permitía a cualquier hombre apto en la congregación ofrecer la explicación del pasaje del Antiguo Testamento. Ese privilegio se extendía con frecuencia a rabinos visitantes, como ocurrió en esta ocasión con Jesús. El apóstol Pablo también solía usar tales oportunidades para proclamar el evangelio en varias ciudades a lo largo del Imperio romano (cp. Hch. 9:20; 13:5; 18:4; 19:8). Debido a que las noticias respecto a los milagros de Jesús ya se habían extendido (cp. Lc. 4:14), los asistentes en Capernaum habrían estado deseosos de oírle enseñar.

Marcos no da detalles del contenido del mensaje que Jesús predicó a la congregación ese día de reposo en Capernaum. En vez de eso se centró en la respuesta de las personas. Estas "se admiraban de su doctrina; porque les enseñaba como quien tiene autoridad, y no como los escribas". La gente estaba asombrada. Nunca antes habían escuchado a un rabino hablar con tal poder, exactitud y seriedad. La palabra "autoridad" (*exousía*) habla de gobierno, dominio, jurisdicción, pleno derecho, poder, privilegio y prerrogativa. Jesús enseñaba con absoluta convicción, objetividad, dominio y claridad. Hablaba la verdad con la confianza inquebrantable del Rey divino, y la gente solo podía responder con asombro (cp. Mt. 7:28-29). ¡Qué contrastantes eran las palabras tan penetrantes de Jesús con las esotéricas opiniones dogmáticas de los escribas, a quienes les encantaba citar los puntos de vista generales de otros rabinos! Ellos brindaban enseñanza en modos que resultaban místicos, confusos y a menudo centrados en minucias. Pero Jesús era claramente distinto. No derivaba su teología de las reflexiones de otras personas, ni ofrecía una variedad de posibles explicaciones. Su enseñanza era absoluta, no arbitraria; era lógica y concreta, no evasiva o esotérica. Sus argumentos eran razonables, ineludibles y centrados en asuntos esenciales.

Los "escribas" eran los principales maestros en la sociedad judía del siglo I. Sus orígenes se remontan hasta Esdras quien, según Esdras 7:10 y Nehemías 8:4-8, leyó la ley y se la explicó al pueblo. La mayoría de personas solo tenían un acceso limitado a las Escrituras, y las copias eran demasiado costosas para que individuos comunes y corrientes, y de la clase trabajadora, pudieran poseerlas. En consecuencia, iban a la sinagoga para escuchar las Escrituras leídas y explicadas por los escribas. Puesto que los escribas manejaban las Escrituras, llegaron a ser tan venerados que se les dio el título de "rabinos", que significa "honrado". A través de los siglos, desde la época de Esdras hasta los tiempos de Cristo, la enseñanza de los escribas se volvió menos centrada en el texto de las Escrituras y más enfocada en lo que rabinos anteriores habían dicho. Para el siglo I, los escribas se enorgullecían por conocer todos los puntos de vista posibles. En vez de explicar fielmente el significado sencillo de las Escrituras se deleitaban en reflexiones complejas, alegorías fantasiosas, ideas poco claras, nociones místicas, y las enseñanzas de los rabinos anteriores. Cuando Jesús empezó a explicar el texto bíblico con claridad, convicción y autoridad, sus oyentes se quedaron perplejos. Nunca habían oído nada como eso. Su sorpresa está ligada a la palabra "admiraban" (*ekplésso*), que literalmente significa "estar profundamente afectado en el alma" con temor y asombro. Para usar la lengua vernácula, Jesús les transformó la manera de pensar. Hay una cantidad de palabras en el Nuevo Testamento que pueden traducirse "asombrado" o "sorprendido". Esta es una de las más fuertes y más intensas. El mensaje de Jesús era tan fascinante y poderoso que su audiencia se hallaba en total silencio, esperando cada palabra que Él pronunciaba (cp. Lc. 19:48).

La violenta interrupción

El asombro silencioso fue interrumpido violentamente por los chillidos que venían a través de los labios de un hombre endemoniado. Se trataba del demonio que había entrado en pánico por la verdad de la predicación de Jesús y que no pudo mantenerse oculto dentro del hombre por más tiempo. Marcos presenta al demonio en el versículo 23, haciendo notar la inmediatez de la reacción del espíritu maligno ante la predicación de Jesús. Incapaz de contenerse, el demonio estalló en un ataque de gritos furiosos en respuesta a la verdad que el Hijo de Dios proclamaba.

No es sorprendente encontrar este espíritu maligno frecuentando la sinagoga. Los demonios habían desarrollado un falso sistema de religión hipócrita que tenía mucho éxito en el Israel del siglo I. Como es su naturaleza, los demonios se esconden en medio de la religión falsa, disfrazándose como ángeles de luz (2 Co. 11:14) y perpetuando el error y el engaño (cp. 1 Ti. 4:1). Al igual que su líder Satanás, son mentirosos y asesinos que buscan la condenación eterna de la gente. En Juan 8:44-45, Jesús les dijo a los fariseos: "Vosotros sois de vuestro padre el diablo, y los deseos de vuestro padre queréis hacer. Él ha sido homicida desde el principio, y no ha permanecido en la verdad, porque no hay verdad en él. Cuando habla mentira, de suyo habla; porque es mentiroso, y padre de mentira. Y a mí porque digo la verdad, no me creéis". Esos versículos resumen el meollo del conflicto. Satanás y sus huestes propagan mentiras con el propósito de perpetuar la muerte espiritual. Pero Jesús es el camino, la verdad y la vida (Jn. 14:6); cuando predicó la verdad ese día de reposo, el demonio que lo escuchaba fue desenmascarado de modo involuntario. Al ser confrontado con la autoridad de las palabras de Jesús, el ángel caído reaccionó con un grito aterrador.

LA AUTORIDAD DEL JUICIO DE JESÚS

Pero había en la sinagoga de ellos un hombre con espíritu inmundo, que dio voces, diciendo: ¡Ah! ¿qué tienes con nosotros, Jesús nazareno? ¿Has venido para destruirnos? Sé quién eres, el Santo de Dios. (Mr. 1:23-24)

El uso que Marcos hace de la preposición "pero" (*euthus*) subraya la inmediatez de la reacción del demonio, que siguió directamente a la predicación de Jesús. Los gritos proporcionaron evidencia audible de que ángeles caídos tiemblan ante el poder de la palabra de Cristo. El contenido de tal exclamación, que está registrado en los versículos 23-24, indica que el demonio también estaba aterrorizado por la autoridad del juicio de Cristo.

La posesión demoníaca —siempre presente, por lo general oculta— fue expuesta de manera espectacular y única durante el ministerio de Jesucristo. Los ángeles rebeldes no podían permanecer

ocultos en presencia de Jesús. En el Antiguo Testamento, fuera de
Génesis 6:1-2 no existen casos registrados de posesión demoníaca.
En el libro de Hechos solo hay dos (Hch. 16:16-18; 19:13-16). No
obstante, en los evangelios abundan (Mt. 4:24; 8:28; 9:33; 10:8;
12:22-27; Mr. 1:23-27; 5:4-13; 9:25; Lc. 4:41; 8:2, 28; 9:39; 13:11).
Frente a la gloria del mismo Hijo de Dios, los demonios revelaron
su identidad, a menudo en manera violenta y sorprendente.

En esta ocasión, el hombre endemoniado respondió gritando a
todo pulmón: el demonio en su interior usó prestadas las cuerdas
vocales del individuo para expresar su terror. En una ráfaga de
pánico mezclado con ira, el demonio preguntó: "¡Ah! ¿qué tienes
con nosotros, Jesús nazareno? ¿Has venido para destruirnos? Sé
quién eres, el Santo de Dios".

El uso del plural ("nosotros", "destruirnos") sugiere que este
demonio particular estaba haciendo estas preguntas en nombre
de los ángeles caídos en todos los lugares. Como aquellos que
se habían unido en el fallido golpe de estado de Satanás (cp. Is.
14:12-17; Ez. 28:12-19), estos demonios una vez sirvieron en la
presencia de Dios. De ahí que conocieran íntimamente a cada
uno de los miembros de la Trinidad, y de inmediato reconocían a
Jesús como Dios el Hijo siempre que se hallaban en su presencia.
Ellos sabían que Él era "el Santo de Dios", el Rey mesiánico que
había venido a salvar al mundo del poder de Satanás (Lc. 4:41).

Al hablarle a Cristo, este espíritu demoníaco empleó dos nom-
bres diferentes: uno de los cuales expresaba su antagonismo, el otro
su temor. El primero, "Jesús nazareno", tenía un tono de menospre-
cio y desdén. Nazaret era un pueblo desconocido, tenido en baja
estima por otros israelitas (cp. Jn. 1:46). Los dirigentes judíos en
particular usaban el término como despectivo, porque se burlaban
de la idea que el Mesías viniera de tan humildes orígenes galileos
(cp. Jn. 7:41, 52). Al referirse al pueblo natal de Jesús, el demonio
se unió al desprecio de las multitudes incrédulas.

Al mismo tiempo, el espíritu maligno sabía exactamente quién era Jesús. En consecuencia, su desprecio está mezclado con terror. Al ser un miserable ángel caído, su respuesta fue de enemistad entreverada con temor. Llamó a Jesús "el Santo de Dios" porque era totalmente consciente de la autoridad divina del Señor. Este espíritu inmundo, un ser caracterizado por depravación total y maldad incurable, se encogió de miedo en la presencia de la virtud y santidad perfectas.

Los demonios sabían que "para esto apareció el Hijo de Dios, para deshacer las obras del diablo" (1 Jn. 3:8). Totalmente conscientes de que eran irredimibles, y de que algún día serían lanzados al lago de fuego (Mt. 25:41), temían que el momento de destrucción definitiva hubiera llegado. Más tarde en el ministerio de Jesús, otros demonios hicieron casi la misma pregunta: "¿Qué tienes con nosotros, Jesús, Hijo de Dios? ¿Has venido acá para atormentarnos antes de tiempo?" (Mt. 8:29). Los demonios reconocían exactamente quién era Jesús. Sabían que Él tenía total autoridad y poder para arrojarlos al castigo eterno el día del juicio señalado por Dios. Por eso, en repetidas ocasiones respondieron con tal pánico y consternación (cp. Stg. 2:19).

La realidad inminente del juicio futuro explica la reacción del demonio ante Jesús ese día de reposo en Capernaum. Como agente de Satanás, sin duda habría preferido permanecer sin ser detectado, oculto en las sombras de la religión hipócrita. En lugar de eso, abrumado por el terror y el pánico solo pudo descubrirse a sí mismo en un arrebato dramático.

LA AUTORIDAD DEL PODER DE JESÚS

Pero Jesús le reprendió, diciendo: ¡Cállate, y sal de él! Y el espíritu inmundo, sacudiéndole con violencia, y clamando a gran voz, salió de él. Y todos se asombraron, de tal manera que discutían entre sí, diciendo: ¿Qué es esto? ¿Qué nueva

LA DEIDAD DE CRISTO

doctrina es esta, que con autoridad manda aun a los espíritus inmundos, y le obedecen? Y muy pronto se difundió su fama por toda la provincia alrededor de Galilea. (Mr. 1:25-28)

Aunque el día escatológico del juicio eterno de Satanás y sus ángeles aún no ha llegado (cp. Ap. 20:10), a este demonio se le dio un anticipo de la autoridad absoluta de Cristo sobre él. Fue echado fuera por el mismo poder que un día lo arrojará al lago de fuego. Sin inmutarse por las payasadas del demonio, "Jesús le reprendió". Como Rey divino poseía la autoridad inherente para ordenar a este ángel caído. No se necesitó diálogo, negociación o lucha. Los intentos de exorcismos en que participaban varias fórmulas y rituales eran comunes entre los judíos de la época del Nuevo Testamento, aunque sin éxito verdadero. No obstante, la tasa de éxito de Jesús fue perfecta. Nunca falló en expulsar a los demonios que enfrentó, ni confió en fórmulas o rituales especiales para hacerlo. Simplemente pronunció una orden y los demonios obedecieron.

El Señor delegó ese poder en sus apóstoles, quienes hicieron lo mismo (Lc. 9:1). Aparte de Jesús y los apóstoles, el Nuevo Testamento no presenta exorcismo como una práctica en la cual los creyentes deban participar. Es más, cuando personas distintas a los apóstoles trataron de usurpar ese tipo de autoridad, los resultados fueron desastrosos. Los siete hijos de Esceva aprendieron dolorosamente esa lección. Cuando trataron de echar fuera un espíritu maligno de un hombre por el poder de "Jesús, el que predica Pablo", se llevaron un chasco. Pues "respondiendo el espíritu malo, dijo: A Jesús conozco, y sé quién es Pablo; pero vosotros, ¿quiénes sois? Y el hombre en quien estaba el espíritu malo, saltando sobre ellos y dominándolos, pudo más que ellos, de tal manera que huyeron de aquella casa desnudos y heridos" (Hch. 19:13-16). En lugar de participar en exorcismos, los creyentes de hoy día están llamados a participar en la evangelización. Siempre que llevan el evangelio a no creyentes y estos ponen su fe en el Señor Jesucristo, el Espíritu Santo los limpia, establece allí su residencia, y los demonios son desalojados.

Dos mandatos poderosos

La reprensión de Jesús llegó en la forma de dos imperativos: "¡Cállate, y sal de él!". El demonio no tuvo otra alternativa que obedecer al instante. La primera orden lo acalló, la segunda lo echó fuera. A lo largo de su ministerio Jesús prohibió a los espíritus inmundos que atestiguaran acerca de Él (cp. Mr. 1:34). Aunque la identificación que hacían de Jesús era exacta, Él no necesitaba ninguna publicidad de parte de los agentes de Satanás. Tal como sucedió, los dirigentes religiosos lo acusaron de echar "fuera los demonios sino por Beelzebú, príncipe de los demonios" (Mt. 12:24). Permitir que los demonios siguieran hablando de Él solo habría apoyado las especulaciones burlonas de los fariseos. Por tanto, siempre que los demonios afirmaron la identidad de Jesús, Él los acalló (cp. Hch. 16:16-19).

El segundo mandato de Jesús, "sal de él", dio como resultado la salida violenta del demonio. El espíritu prefería permanecer allí con el fin de mantener cautiva para el infierno el alma del individuo. No obstante, fue obligado a irse, de mala gana, pero no en silencio. Así relata Marcos: "Y el espíritu inmundo, sacudiéndole con violencia, y clamando a gran voz, salió de él". Con una última protesta dramática, haciendo que el cuerpo del hombre se convulsionara, el demonio dejó escapar un grito final mientras se iba.

La escena es un recordatorio de otro demonio que Jesús enfrentaría más tarde en su ministerio, el día después de la transfiguración. Marcos relata esa experiencia en 9:25-27:

Y cuando Jesús vio que la multitud se agolpaba, reprendió al espíritu inmundo, diciéndole: Espíritu mudo y sordo, yo te mando, sal de él, y no entres más en él. Entonces el espíritu, clamando y sacudiéndole con violencia, salió; y él quedó como muerto, de modo que muchos decían: Está muerto. Pero Jesús, tomándole de la mano, le enderezó; y se levantó.

Al igual que el espíritu inmundo descrito en Marcos 1:23, este demonio mostró su oposición rebelde a Cristo dándole una última sacudida violenta a su víctima. Pero solo se trató de un frenesí momentáneo. Como todo ángel caído, este no era rival para el poder soberano del Rey divino y, una vez que salió, el muchacho a quien había atormentado fue sanado. Aunque el hombre endemoniado en la sinagoga en Capernaum fue atacado de igual modo con convulsiones, el demonio no le hizo daño. Así lo explica Lucas en el relato paralelo: "Entonces el demonio, derribándole en medio de ellos, salió de él, y no le hizo daño alguno" (Lc. 4:35).

Ni Marcos ni Lucas nos proporcionan información biográfica sobre el hombre que fue liberado. Pero la falta de detalles es intencional, pues el enfoque no está en él, sino en Aquel que lo liberó de la posesión demoníaca. Como corresponde, la atención se centra en el Hijo de Dios, quien volvió a mostrar en público su poder divino. Por su autoridad ordenó huir al demonio. Solamente el Rey divino tiene el poder necesario para terminar con la esclavitud de Satanás. Él puede destruir al diablo, desmantelar sus fuerzas y liberar almas cautivas.

Las reacciones de la multitud

El poder de Jesús era inconfundible, por lo que aquellos que se hallaban en la sinagoga, quienes ya habían sido maravillados por la enseñanza del Señor, "todos se asombraron" de la capacidad de Jesús para liberar a este endemoniado. No sabían cómo catalogar lo que acababan de presenciar, "de tal manera que discutían entre sí, diciendo: ¿Qué es esto? ¿Qué nueva doctrina es esta, que con autoridad manda aun a los espíritus inmundos, y le obedecen?". La multitud comenzó a cuchichear con entusiasmo acerca de lo que había ocurrido. Habían quedado asombrados por la autoridad de la enseñanza, y ahora igualmente impactados por el poder que Jesús ejerció sobre el espíritu inmundo. El debate no fue formal, sino más bien cháchara emocionada de asombro expresado por aquellos que estaban sorprendidos. Sin embargo, finalmente ese debate se polarizaría más. Aunque nadie podía negar la autoridad de Jesús sobre los demonios, los dirigentes religiosos comenzarían a cuestionar la fuente de esa autoridad (cp. Mt. 12:24).

Mientras tanto, las noticias acerca de Jesús comenzaron a divulgarse. Según explica Marcos: "Y muy pronto se difundió su fama por toda la provincia alrededor de Galilea". Este fue solo el principio. Marcos 1:39 informa que Jesús "predicaba en las sinagogas de ellos en toda Galilea, y echaba fuera los demonios". El Rey divino inició su ministerio público dando muestras de poder sobre espíritus malignos (cp. Mt. 9:33), algo nunca antes visto en Israel y el mundo. Él enseñaba como nadie más, y poseía y exteriorizaba un dinamismo que nadie más había visto jamás. Detrás de su poder estaba la autoridad de Jesús. Los demonios lo reconocían y estaban aterrados; las multitudes que lo veían quedaban admiradas. Los demonios creían en Él pero no podían ser salvos; las multitudes se negaban a creer en Él, y por consiguiente no serían salvas.

Una combinación de ambas respuestas es necesaria para la salvación. Los pecadores deben estar tanto "aterrados" como "admirados": aterrados por un Juez de tal naturaleza y asombrados por un Salvador como Él. No basta con solo maravillarse ante Jesucristo. Él no se satisface con simple curiosidad, asombro o sorpresa. Cristo quiere pecadores que le teman como el Juez que es, y que luego acudan a Él como el Salvador.

Las personas que oyeron predicar a Jesús y que presenciaron su autoridad ese día de reposo en Capernaum se quedaron sin excusas. Sin embargo, la población de esa ciudad finalmente le rechazó como su Señor y Salvador (Mt. 11:23; Lc. 10:15). Tal vez consideraron a Jesús un buen maestro, un idealista moral o un activista social incomprendido. Ninguna de tales conclusiones era adecuada. Pudieron haberse quedado perplejos por Él en el momento, pero a menos que llegaran a aceptarlo con fe que salva (adorándole como el Hijo de Dios, confiando en Él como el Salvador del mundo, sometiéndose a Él como el Señor sobre todo) la perplejidad que sintieron al final no tendría ningún valor. Esta reacción no era mejor que el palpitante terror de los demonios. Así sucede con todos los que rechazan la verdadera persona y obra de Jesucristo.

Capítulo 4

LA AUTORIDAD DE CRISTO SOBRE EL PECADO Y LA ENFERMEDAD

MARCOS 2:1-12

Entró Jesús otra vez en Capernaum después de algunos días; y se oyó que estaba en casa. E inmediatamente se juntaron muchos, de manera que ya no cabían ni aun a la puerta; y les predicaba la palabra. Entonces vinieron a él unos trayendo un paralítico, que era cargado por cuatro. Y como no podían acercarse a él a causa de la multitud, descubrieron el techo de donde estaba, y haciendo una abertura, bajaron el lecho en que yacía el paralítico. Al ver Jesús la fe de ellos, dijo al paralítico: Hijo, tus pecados te son perdonados. Estaban allí sentados algunos de los escribas, los cuales cavilaban en sus corazones: ¿Por qué habla éste así? Blasfemias dice. ¿Quién puede perdonar pecados, sino sólo Dios? Y conociendo luego Jesús en su espíritu que cavilaban de esta manera dentro de sí mismos, les dijo: ¿Por qué caviláis así en vuestros corazones? ¿Qué es más fácil, decir al paralítico: Tus pecados te son perdonados, o decirle: Levántate, toma tu lecho y anda? Pues para que sepáis que el Hijo del Hombre tiene potestad en la tierra para perdonar pecados (dijo al paralítico): A ti te digo: Levántate, toma tu lecho, y vete a tu casa. Entonces él se levantó en seguida, y tomando su lecho, salió delante de todos, de manera que todos se asombraron, y glorificaron a Dios, diciendo: Nunca hemos visto tal cosa. (Mr. 2:1-12)

El beneficio más distintivo que el cristianismo ofrece al mundo no es un amor sacrificial por otros, una norma elevada de moralidad, o un sentido de propósito y de satisfacción en la vida. Todas esas virtudes son productos derivados del cristianismo bíblico, pero están muy lejos del don más grande a la humanidad. El evangelio brinda un beneficio incomparable que trasciende todos los demás y que no lo proporciona ninguna otra religión. Tiene que ver directamente con la necesidad más grande de la humanidad. Solo el cristianismo provee una solución al problema fundamental y trascendental de la humanidad, es decir, la realidad de que los pecadores son culpables delante del Dios santo, quien justamente los ha condenado al infierno eterno debido a la rebelión y la anarquía en sus vidas.

En última instancia, Dios no envía a la gente al infierno a causa del pecado, sino debido al pecado no perdonado. El infierno está poblado por individuos cuyos pecados nunca fueron perdonados. La diferencia entre aquellos que esperan la vida eterna en el cielo y los que experimentarán castigo eterno en el infierno no es un asunto de bondad personal, como otras religiones enseñan, sino que está vinculado totalmente con una palabra: perdón. Puesto que "todos pecaron" (Ro. 3:23), ambos destinos eternos están poblados por personas que fueron pecadoras en esta vida. Solo que a aquellos en el cielo se les concedió perdón divino y la acompañante justicia imputada que es apropiada por gracia a través de Jesucristo (cp. Ro. 5:9, 19).

LA SOLUCIÓN PARA EL MAYOR PROBLEMA
DE LA HUMANIDAD

La oferta del perdón divino

En pocas palabras, la mayor necesidad de todo individuo es el perdón del pecado. En consecuencia, el mayor beneficio del evangelio es su ofrecimiento de perdón divino a aquellos que creen.

Ninguna otra religión proporciona el medio para el perdón total; por consiguiente, todas las demás religiones en realidad están recogiendo almas para el infierno. Tanto el juicio divino como el perdón divino son coherentes con la naturaleza de Dios. Aunque su justicia exige que todo pecado sea castigado (cp. Éx. 23:7; Dt. 7:10; Job 10:14; Nah. 1:3), su misericordia retiene pacientemente su ira y hace provisión para que los pecadores sean perdonados (cp. Nm. 14:18; Dt. 4:31; Sal. 86:15; 103:8-12; 108:4; 145:8; Is. 43:25; Jl. 2:13). La justicia y la misericordia de Dios se yuxtaponen en repetidas ocasiones a lo largo de las Escrituras, y no existe sentido en el cual representen verdades irreconciliables (cp. Ro. 9:14-24). En Éxodo 34:6-7, Dios mismo se presentó con estas palabras:

¡Jehová! ¡Jehová! fuerte, misericordioso y piadoso; tardo para la ira, y grande en misericordia y verdad; que guarda misericordia a millares, que perdona la iniquidad, la rebelión y el pecado, y que de ningún modo tendrá por inocente al malvado; que visita la iniquidad de los padres sobre los hijos y sobre los hijos de los hijos, hasta la tercera y cuarta generación.

Nehemías 9 reitera el mismo estribillo: "Tú eres Dios que perdonas, clemente y piadoso, tardo para la ira, y grande en misericordia, porque no los abandonaste" (vv. 17, 33). En Romanos 2:4-5, Pablo enfatiza tanto la misericordia como la justicia de Dios cuando advierte a los incrédulos lo que les ocurrirá si no se arrepienten: "¿O menosprecias las riquezas de su benignidad, paciencia y longanimidad, ignorando que su benignidad te guía al arrepentimiento? Pero por tu dureza y por tu corazón no arrepentido, atesoras para ti mismo ira para el día de la ira y de la revelación del justo juicio de Dios". Por una parte, no hay nada más ofensivo para la santidad de Dios que el pecado. Los pecadores no perdonados serán castigados por la ira divina. Por otra parte, en su misericordia, Dios encuentra gloria en ofrecer a todos el perdón y la absolución del pecado por medio del evangelio.

La satisfacción de la justicia de Dios

Dios puede reafirmar la justicia y a la vez perdonar a los pecadores porque su justicia ha sido satisfecha por su Hijo, quien murió como un sustituto por los pecadores (2 Co. 5:20-21; Col. 2:13-14). Ahí radica la esencia del mensaje cristiano: el Hijo de Dios se hizo hombre y murió por los pecadores para que la justicia divina fuera satisfecha y los pecadores pudieran ser reconciliados con Dios (cp. He. 2:14-18). El sacrificio de Cristo es el único medio por el cual Dios ofrece perdón al mundo (Jn. 3:16; 14:6). El apóstol Pablo lo declaró en este sentido en Hechos 13:38-39: "Sabed, pues, esto, varones hermanos: que por medio de él se os anuncia perdón de pecados, y que de todo aquello de que por la ley de Moisés no pudisteis ser justificados, en él es justificado todo aquel que cree". Efesios 1:7-8 repite esas palabras: "En quien tenemos redención por su sangre, el perdón de pecados según las riquezas de su gracia, que hizo sobreabundar para con nosotros en toda sabiduría e inteligencia". La buena noticia de la salvación es que Dios desea perdonar a todo el que cree de veras en la persona y obra del Señor Jesucristo.

El segundo capítulo de Marcos empieza con una historia acerca del perdón. En varias maneras, el primer capítulo hace hincapié en la autoridad divina de Jesús. La proclamación que Él hace del evangelio tiene autoridad, al llamar a sus discípulos a dejar todo y seguirle (1:14-20). Su enseñanza también estaba llena de autoridad, hasta el punto que asombró a quienes lo oían (1:27). Sus sanidades también fueron realizadas con plena autoridad, cuando demostró su poder sobrenatural sobre los demonios y la enfermedad (1:25, 31, 34, 42). En este pasaje (2:1-12), Marcos destaca el aspecto más necesario del privilegio divino de Jesús: la autoridad para perdonar pecados. Ese énfasis es el núcleo de este milagro inolvidable.

El relato se centra en cuatro personajes distintos: los espectadores curiosos, el pecador lisiado, el Salvador misericordioso, y los escribas endurecidos. Tras seguir a cada uno de ellos, Marcos concluye este relato regresando a la multitud de espectadores y haciendo notar su sorpresa por todo lo que acababan de presenciar.

LOS ESPECTADORES CURIOSOS

Entró Jesús otra vez en Capernaum después de algunos días; y se oyó que estaba en casa. E inmediatamente se juntaron muchos, de manera que ya no cabían ni aun a la puerta; y les predicaba la palabra. (Mr. 2:1-2)

Anteriormente, cuando Jesús salió de Capernaum fue a predicar el evangelio en los pueblos y aldeas de los alrededores (1:38). Después de curar al hombre con lepra se extendió la noticia acerca de Él hasta el punto de que ya "no podía entrar abiertamente en la ciudad, sino que se quedaba fuera en los lugares desiertos; y venían a él de todas partes" (1:45). El comentario de Marcos de que habían pasado "algunos días" es una frase muy amplia que abarca un período indefinido (cp. Lc. 5:17). Por largo que este tiempo hubiera sido (tal vez semanas o incluso meses), cuando "Jesús" volvió "otra vez" a entrar en "Capernaum" debió hacerlo en silencio. La necesidad de una entrada discreta en Capernaum está indicada por Marcos 1:45. Sin embargo, no pasó mucho tiempo antes de que se supiera que Él "estaba en casa". Aunque había entrado en secreto, su presencia se hizo pública muy pronto, y una multitud entusiasta comenzó a juntarse. La referencia a la "casa" de Jesús estaba en consonancia con su decisión de hacer de Capernaum su base de operaciones durante su ministerio en Galilea. Mientras estaba en Capernaum es probable que se hubiera alojado en la casa de Pedro y Andrés (cp. 1:29).

La última vez que Jesús había estado en la casa de Pedro, los residentes de Capernaum se reunieron en masa fuera de la vivienda cuando Jesús sanó a todos los enfermos que le llevaban (1:33-34). Como es habitual, en esta ocasión se extendió la noticia de que Jesús estaba allí, "e inmediatamente" una multitud comenzó a formarse. El comentario de Marcos de que "se juntaron muchos" es una descripción incompleta de lo que pasó. Las personas estaban hacinadas "de manera que ya no cabían ni aun a la puerta".

Los espectadores y buscadores de milagros

Como siempre, las multitudes consistían sobre todo de espectadores curiosos y buscadores de milagros (Mt. 16:4), más interesados en ir tras sus propios deseos (Jn. 6:26) que en lamentarse y arrepentirse del pecado, y por tanto buscar salvación en Cristo. Desde luego, había algunos seguidores genuinos y verdaderos creyentes, pero representaban una pequeña minoría. En su mayor parte, las multitudes siguieron siendo espiritualmente indiferentes a Jesús, atraídas por su curiosidad y fascinación con las obras sobrenaturales de Jesús, pero en última instancia sin querer aceptar sus palabras salvadoras (Mr. 8:34-38; Jn. 6:66). A pesar de tal apatía y ambivalencia espiritual, el Señor siguió predicando a las multitudes, sabiendo que el Padre sacaría a los elegidos de entre ellos (Jn. 6:37, 44). En esta ocasión en la casa en Capernaum, como era su costumbre, "les predicaba la palabra".

Los fariseos y escribas

La multitud incluía una cantidad de fariseos (Lc. 5:17), quienes eran los principales guardianes y defensores de las tradiciones y rituales legalistas que impregnaban el judaísmo del siglo I. El nombre "fariseo", que significa "separado", definía la filosofía detrás del movimiento. Quienes se unieron a la secta, que eran alrededor de seis mil, evitaban con gran diligencia cualquier interacción con gentiles, recaudadores de impuestos, o personas a quienes consideraban como "pecadores" (cp. Lc. 7:39). Incluso la actitud que tenían hacia el pueblo judío común era de desprecio y condescendencia (cp. Jn. 7:49). Se consideraban los más santos de todos los israelitas, pero su "santidad" era sobre todo externa y superficial (cp. Mt. 23:28). Consistía principalmente en adhesión a sus propias reglas y estatutos humanos, estipulaciones que ellos mismos habían añadido a través de los años a la ley de Moisés (cp. Mt. 15:2-9). El origen preciso de los fariseos es desconocido. Es probable que esta secta judía se formara en algún momento antes de mediados del siglo II a.c. Para el tiempo del ministerio de Jesús, los fariseos componían el grupo religioso dominante en Israel. Fervientemente dedicados a mantener al pueblo leal tanto a la ley del Antiguo Testamento como, lo más importante, al conjunto complejo de tradiciones extrabíblicas que habían desarrollado alrededor de la ley, los fariseos eran muy apreciados por su aparente espiritualidad y fidelidad a las Escrituras.

Dentro de la secta estaban los escribas (2:6, 16), también conocidos como "intérpretes de la ley" (cp. Lc. 10:25), que eran teólogos y eruditos profesionales del Antiguo Testamento. Sus orígenes se remontan al tiempo de Esdras y Nehemías, cuando los israelitas regresaron a su patria después del cautiverio babilónico. Una antigua tradición judía aseguraba que Dios entregó la ley a los ángeles, quienes la pasaron a Moisés y Josué; estos a su vez la entregaron a los ancianos y estos la dieron a los profetas, los que a su vez la pusieron en manos de los escribas con el fin de dirigir y enseñar en las sinagogas. Los escribas eran responsables tanto de copiar como de preservar las Escrituras, así como de interpretarlas con la finalidad de instruir al pueblo. Debido a que no hubo más profetas del Antiguo Testamento después de Malaquías, los escribas cumplían el papel básico de enseñanza en Israel. Los escribas se podían hallar en varias sectas judías (tales como los saduceos o esenios), pero la mayoría de los escribas en la época de Jesús estaban asociados con los fariseos.

Aunque algunos fariseos llegarían a creer en Jesús (cp. Jn. 19:39; Hch. 15:5), en conjunto parecían oponérsele abiertamente. Los escribas y fariseos que aquel día se entremezclaron en la multitud no estaban allí para apoyar el ministerio de Jesús o aprender de Él. Más bien, estaban presentes porque veían a Jesús como una amenaza creciente. La mayoría de ellos ni siquiera era de Capernaum, sino de otras ciudades de alrededor de Galilea y hasta de Jerusalén (Lc. 5:17). Se habían integrado a la multitud de espectadores curiosos para oír lo que Jesús tenía que decir, con el único propósito de encontrarle alguna falta para desacreditarlo y finalmente eliminarlo.

El pecador lisiado

Entonces vinieron a él unos trayendo un paralítico, que era cargado por cuatro. Y como no podían acercarse a él a causa de la multitud, descubrieron el techo de donde estaba, y haciendo una abertura, bajaron el lecho en que yacía el paralítico. (Mr. 2:3-4)

El relato pasa de la multitud de espectadores curiosos a enfocarse en "un paralítico, que era cargado por cuatro" hombres. Su condición le hacía depender totalmente de otros. A diferencia de los leprosos (cp. 1:40-45), los que padecían parálisis no eran rechazados por la sociedad israelita, ya que su padecimiento no era contagioso. Sin embargo, debido a que se suponía que la enfermedad y la discapacidad en general eran consecuencia inmediata del pecado (cp. Jn. 9:2), es probable que este hombre fuera estigmatizado por muchos en su comunidad.

Según Mateo 4:24, Jesús sanó a muchos que sufrían de parálisis. Sin embargo, los tres evangelios sinópticos dirigieron la atención a este hombre en particular (cp. Mt. 9:1-8; Lc. 5:17-26). Su historia es notable no solo por la intrépida determinación mostrada por él y sus amigos para llegar hasta donde Jesús, sino más importante debido a lo que Cristo hizo por este hombre más allá de curarle el cuerpo.

Al llegar, los cinco se enfrentaron a una desbordante multitud de personas, tan apretadas en la casa y alrededor de ella, que "no podían acercarse a [Jesús] a causa de la multitud". De acuerdo con Lucas 5:18, los cuatro amigos hicieron un esfuerzo fallido de entrar por la puerta. Al no querer darse por vencidos idearon un plan agresivo y extremo para llegar hasta donde Jesús. Lucas lo explica de este modo: "Pero no hallando cómo hacerlo a causa de la multitud, subieron encima de la casa" (5:19). Una vez allí, "descubrieron el techo de donde estaba [Jesús], y haciendo una abertura, bajaron el lecho en que yacía el paralítico" (Mr. 2:4).

Las casas judías típicamente eran de un piso y con una terraza-patio plana a la que se accedía por una escalera exterior. La típica azotea se construía utilizando grandes vigas de madera con piezas más pequeñas de madera en el medio, y las cubrían con un techo que constaba de paja, espigas, ramitas y barro. Después se instalaban baldosas en lo alto de ese techo. Los cuatro hombres cargaron a su amigo alrededor de la multitud y subieron la escalera hasta la azotea. Tras determinar dónde se hallaba Jesús en la sala que había debajo, comenzaron a quitar las baldosas, el barro, y el resto del techo en su esfuerzo por crear una abertura suficientemente grande para bajar "el lecho".

La estrategia resultó eficaz, aunque debió haber sido muy molesta. Sin duda, Jesús estaba enseñando en la espaciosa sala central de la casa con personas apretujadas a su alrededor, cuando de repente los escombros comenzaron a caer del techo sobre las cabezas. Fácilmente podemos imaginarnos la conmoción y la consternación a medida que la abertura se agrandaba más y más, hasta que al final fue suficientemente grande para bajar la camilla. Con mucho cuidado, "bajaron el lecho en que yacía el paralítico". Según Lucas 5:19, los cuatro hombres habían calculado bien porque su amigo quedó directamente frente a Jesús.

El Salvador misericordioso

Al ver Jesús la fe de ellos, dijo al paralítico: Hijo, tus pecados te son perdonados. (Mr. 2:5)

A medida que bajaban al hombre y lo dejaban frente a Jesús y los asombrados espectadores se hizo evidente por qué habían hecho el enorme agujero en el techo: al hombre lo habían llevado para que recibiera sanidad. Todos los demás en la sala pudieron ver la necesidad física de este sujeto, pero solo Jesús percibió el problema más profundo y más importante: la necesidad de perdón que tenía el paralítico. Era obvio que él quería restauración física. Jesús sabía que el hombre ansiaba más que eso; así que se centró primero en el asunto más grave. Sus palabras al paralítico debieron haber sorprendido a todos en la sala. "Al ver Jesús la fe", tanto del desesperado individuo como de sus amigos, "dijo al paralítico: Hijo, tus pecados te son perdonados". Por impactante que hubiera sido la dramática entrada del hombre a través del techo, la declaración de Jesús fue aún más asombrosa.

La humanidad pecadora no tiene una necesidad mayor que la del perdón. Esta es la única manera de reconciliarse con Dios, trayendo bendición a esta existencia y vida eterna en la venidera. La razón de la venida de Jesús fue para salvar "a su pueblo de sus pecados" (Mt. 1:21), y que, por medio de Él, los pecadores pudieran reconciliarse con Dios (2 Co. 5:18-19). Hablando de Jesús, Pedro declaró a Cornelio: "De éste dan testimonio todos los profetas, que todos los que en él creyeren, recibirán perdón de pecados por su nombre" (Hch. 10:43; cp. 5:31; 26:18; Ef. 1:7; 4:32; Col. 1:14; 2:13-14; 3:13; 1 Jn. 1:9; 2:12; Ap. 1:5). El perdón divino, solo por gracia aparte de las obras, es distintivo del evangelio cristiano. Distingue el mensaje verdadero de la salvación de todo sistema falso de justicia propia y de mérito basado en la religión.

La declaración "al ver Jesús la fe" parece indicar más que tan solo una creencia en la capacidad sanadora de Cristo (cp. Jn. 2:23-24). El perdón que el Señor concedió indica una fe genuina de arrepentimiento. Este hombre (junto con sus amigos) debió haber creído que Jesús era Aquel que ofrecía salvación a quienes se arrepienten (1:15). El Señor, al reconocer la verdadera fe del paralítico, le declaró: "Hijo, tus pecados te son perdonados". El tullido se veía como un pecador culpable, espiritualmente discapacitado y en necesidad de perdón, al igual que el publicano penitente en Lucas 18:13-14 que clamó: "Dios, sé propicio a mí, pecador". Así como el publicano de Lucas 18, este hombre regresó a su casa justificado. A través de la fe en Cristo, recibió perdón. Eso mismo es válido para todo pecador que cree. La salvación se recibe por gracia por medio de la fe en Cristo (Jn. 14:6; Hch. 4:12; 17:30-31; Ro. 3:26; 1 Ti. 2:5).

Al reconocer la fe genuina del hombre y su deseo de salvación, de modo compasivo y con autoridad, Jesús le perdonó su pecado. La palabra griega traducida "son perdonados" se refiere a la idea de enviar o alejar hacia otro sitio (Sal. 103:12; Jer. 31:34; Mi. 7:19). El perdón total fue concedido por gracia divina, aparte de cualquier mérito u obras de justicia de parte del paralítico. Jesús borró su culpabilidad y, en ese mismo instante, el pecador paralítico fue liberado de un futuro en el infierno eterno, a otro en el cielo eterno.

LOS ESCRIBAS ENDURECIDOS

Estaban allí sentados algunos de los escribas, los cuales cavilaban en sus corazones: ¿Por qué habla éste así? Blasfemias dice. ¿Quién puede perdonar pecados, sino sólo Dios? Y conociendo

luego Jesús en su espíritu que cavilaban de esta manera dentro de sí mismos, les dijo: ¿Por qué caviláis así en vuestros corazones? ¿Qué es más fácil, decir al paralítico: Tus pecados te son perdonados, o decirle: Levántate, toma tu lecho y anda? Pues para que sepáis que el Hijo del Hombre tiene potestad en la tierra para perdonar pecados (dijo al paralítico): A ti te digo: Levántate, toma tu lecho, y vete a tu casa. (Mr. 2:6-11)

La declaración de perdón de Jesús ofreció a los dirigentes religiosos hostiles la oportunidad que estaban esperando para atacarlo. Oyendo lo que el Señor había dicho, "estaban allí sentados algunos de los escribas, los cuales cavilaban en sus corazones: ¿Por qué habla éste así? Blasfemias dice. ¿Quién puede perdonar pecados, sino sólo Dios?".

La acusación de blasfemia

Su premisa, que solo Dios puede otorgar perdón total de pecados, era absolutamente correcta. La justificación de los pecadores es una prerrogativa que pertenece solo a Dios. Como Juez supremo, solo Él puede conceder perdón eterno a individuos perversos. Ya que todo pecado es en última instancia un acto de rebelión contra Dios y su ley (Sal. 51:4), el derecho de perdonar, así como el derecho de condenar, le pertenece solo a Él.

Debido a que Jesús reclamó un nivel de autoridad que pertenece únicamente a Dios (cp. Mt. 26:65; Jn. 10:33), los escribas lo vieron como un blasfemo. Desde la perspectiva de los judíos, la blasfemia era el delito más horrible que alguien podía cometer. Los judíos del siglo I identificaban tres niveles de "blasfemia". Primero, una persona era acusada de blasfemar si hablaba mal de la ley de Dios. Esteban (Hch. 6:13) y Pablo (Hch. 21:27-28) fueron erróneamente acusados de hacer esto. Un segundo y más grave tipo de blasfemia ocurría cuando alguien hablaba directamente mal de

Dios (cp. Éx. 20:7). Maldecir el nombre del Señor, por ejemplo, era un delito que se castigaba con la muerte (Lv. 24:10-16). Una tercera forma de blasfemia, aún más atroz que las otras dos, tenía lugar cuando un ser humano pecador afirmaba poseer autoridad divina e igualdad con Dios. Que un simple mortal actuara como si fuera Dios era la ofensa más indignante de todas. Fue esta forma de blasfemia que los líderes religiosos judíos dictaminaron que Jesús había cometido (cp. Jn. 5:18; 8:58-59; 10:33). Finalmente, usarían estas mismas acusaciones para justificar el asesinato de Jesús (Jn. 19:7; cp. Lv. 24:23).

Tres demostraciones de la deidad de Cristo

Frente a las acusaciones de blasfemia, Jesús demostró su deidad en tres modos importantes. *Primero, les leyó las mentes.* Como Marcos explica: "Conociendo luego Jesús en su espíritu que cavilaban de esta manera dentro de sí mismos". El hecho de que Él conociera los pensamientos de ellos probó su deidad, ya que solo Dios es omnisciente (1 S. 16:7; 1 R. 8:39; 1 Cr. 28:9; Jer. 17:10; Ez. 11:5). Jesús no necesitaba que expresaran lo que pensaban, "pues él sabía lo que había en el hombre" (Jn. 2:25).

Segundo, Jesús no les discutió la premisa teológica básica de ellos, de que solo Dios puede perdonar pecados. Más bien, afirmó esa verdad. Él sabía que los dirigentes religiosos estaban acusándolo de la blasfemia de afirmar ser igual a Dios. Ese fue su objetivo; *su afirmación de poder perdonar pecados era nada menos que una afirmación de que era Dios.*

Tercero, Jesús respaldó su afirmación demostrando poder divino. Después de poner al descubierto los pensamientos de ellos, "les dijo: ¿Por qué caviláis así en vuestros corazones? ¿Qué es más fácil, decir al paralítico: Tus pecados te son perdonados, o decirle: Levántate, toma tu lecho y anda?". Jesús no estaba diciendo qué es más fácil hacer, ya que ambas cosas están más allá de la capacidad humana. Más bien estaba preguntando "qué es más fácil" reclamar como una realidad convincente. Es obvio que es más fácil decir que los pecados de alguien le son perdonados ya que no hay manera empírica de confirmar o negar la realidad de esa afirmación. A la inversa, decirle a un hombre paralítico "levántate y anda" es algo que se puede probar al instante.

Jesús esperó a propósito para dar sanidad al paralítico hasta después de haber declarado su autoridad para perdonar pecados. La enfermedad y la discapacidad son consecuencias de vivir en un mundo caído, lo que significa que los efectos penetrantes del pecado son la causa de toda enfermedad y padecimiento. Al curar al paralítico, en demostración de su poder sobre los efectos del pecado Jesús demostró su autoridad sobre el pecado mismo. Así pues, el Señor realizó el innegable milagro de curación física para que todos los que observaban supieran "que el Hijo del Hombre tiene potestad en la tierra para perdonar pecados". El título "Hijo del Hombre" era una de las designaciones favoritas de Jesús para sí mismo. Lo usó más de ochenta veces en los evangelios (con catorce de esas ocurrencias en el libro de Marcos). El título no solo identificaba humildemente su humanidad, sino que tenía implicaciones mesiánicas (cp. Dn. 7:13-14).

Mirando con compasión al hombre que todavía se hallaba acostado en la camilla, "dijo al paralítico: A ti te digo: Levántate, toma tu lecho, y vete a tu casa". Este milagro demostraría si Jesús tenía o no poder sobre el pecado y sus consecuencias. Es más, demostraría si Él tenía o no realmente la autoridad divina que afirmaba poseer. Los escribas acusaron a Jesús de ser un blasfemo, pero los blasfemos no pueden leer mentes; no pueden perdonar pecados, ni pueden validar sus afirmaciones sanando a personas que están paralizadas. Al realizar este milagro, Jesús demostró su poder para que todos vieran que no era un blasfemo. Si Él no era un blasfemo, entonces era Dios como afirmaba serlo.

SORPRESA DE LA MULTITUD

Entonces él se levantó en seguida, y tomando su lecho, salió delante de todos, de manera que todos se asombraron, y glorificaron a Dios, diciendo: Nunca hemos visto tal cosa. (Mr. 2:12)

Jesús puso dramáticamente a prueba sus nobles afirmaciones diciéndole al paralítico que se levantara y caminara. La corroboración llegó al instante. El hombre "se levantó en seguida, y tomando su lecho, salió delante de todos". Siempre que Jesús sanaba a alguna persona, esta experimentaba una recuperación completa e inmediata. No se necesitaba un período de recuperación, ni quedaban efectos persistentes de la enfermedad. Este hombre no fue la excepción. El momento en que las palabras de Jesús salieron de la boca, el individuo recuperó la sensación, función y fortaleza plena en cada parte de su cuerpo. No necesitó meses de terapia física para volver a aprender a caminar. Al contrario, se enderezó, recogió su camilla, y se dirigió caminando a casa. Esta vez, la multitud, totalmente asombrada por todo lo que acababa de ocurrir, se apartó para dejarlo pasar. Según Lucas 5:25, el hombre sanado "se fue a su casa, glorificando a Dios" porque no solo su cuerpo había sido curado, sino también porque sus pecados habían sido perdonados.

A diferencia de los endurecidos escribas y fariseos, que siguieron rechazando a Cristo a pesar de las innegables señales que realizaba (cp. Lc. 6:11; 11:15, 53; 13:17; 15:1-2; 19:47; Jn. 5:36; 10:37-38), las multitudes respondieron con sorpresa y asombro. Según lo explica Marcos, "todos se asombraron, y glorificaron a Dios, diciendo: Nunca hemos visto tal cosa". La palabra griega para "asombraron" significa estar boquiabierto, confundido, o incluso perder el juicio. Las personas estaban absolutamente estupefactas por lo que acababan de presenciar. Lucas añade que "sobrecogidos de asombro, glorificaban a Dios; y llenos de temor, decían: Hoy hemos visto maravillas" (Lc. 5:26). La palabra que Lucas usa para "asombro" es *fóbos,* que en este contexto describe la atemorizada reverencia que viene de estar expuestos a la persona, la presencia, y el poder de Dios (cp. Lc. 1:12, 65; 2:9; 7:16; 8:37; 21:26; Mt. 14:26; 28:4, 8; Mr. 4:41; Hch. 2:43; 5:5, 11; 9:31; 19:17). Ellos "glorificaron a Dios" como respuesta, sin duda ofreciendo conocidas expresiones de alabanza.

Para la mayoría de los espectadores, esta respuesta fue, sin embargo, reflejo de una fe superficial. Mateo 9:8 relata la reacción de ellos ante este mismo milagro con estas palabras: "Y la gente, al verlo, se maravilló y glorificó a Dios, que había dado tal potestad a los hombres". Aunque estaban atónitos, y aunque glorificaban a Dios, aún veían a Jesús solo como un hombre a quien Dios había otorgado autoridad. A pesar del milagro evidente y de la demostración sin precedentes de poder divino, muchos no estaban convencidos de la deidad de Cristo. Presenciaron sus obras sobrenaturales, pero se negaban a creer en su divinidad. Así lo explicó Juan: "Pero a pesar de que había hecho tantas señales delante de ellos, no creían en él" (Jn. 12:37; cp. 1 Co. 1:22).

Los milagros de Jesús actuaron como señales que validaban su afirmación de que poseía autoridad divina para perdonar a pecadores. Además, Él no solo tenía el poder para perdonar a pecadores, sino que se convirtió en el sacrificio perfecto sobre el cual se basa el perdón divino. Las palabras que Jesús declaró a ese paralítico hace dos mil años son las mismas palabras que sigue pronunciando a todo aquel que viene a Él con fe genuina: "Tus pecados te son perdonados". El mayor beneficio que el cristianismo ofrece al mundo es el perdón de pecados. Jesucristo hizo posible el perdón por medio de su muerte en la cruz. Él ofrece ese perdón a todos aquellos que estén dispuestos a arrepentirse de sus pecados y creer en su nombre (cp. Ro. 10:9-10).

Capítulo 5

LA AUTORIDAD DE CRISTO SOBRE EL DÍA DE REPOSO

MARCOS 2:23-28

Aconteció que al pasar él por los sembrados un día de reposo, sus discípulos, andando, comenzaron a arrancar espigas. Entonces los fariseos le dijeron: Mira, ¿por qué hacen en el día de reposo lo que no es lícito? Pero él les dijo: ¿Nunca leísteis lo que hizo David cuando tuvo necesidad, y sintió hambre, él y los que con él estaban; cómo entró en la casa de Dios, siendo Abiatar sumo sacerdote, y comió los panes de la proposición, de los cuales no es lícito comer sino a los sacerdotes, y aun dio a los que con él estaban? También les dijo: El día de reposo fue hecho por causa del hombre, y no el hombre por causa del día de reposo. Por tanto, el Hijo del Hombre es Señor aun del día de reposo. (Mr. 2:23-28)

L os evangelios bíblicos son algo más que simples relatos histó- ricos de la vida terrenal del Señor Jesús. Son también tratados cristológicos que revelan la trascendencia de su carácter celestial. Escritos bajo la inspiración del Espíritu Santo, los cuatro relatos representan la mezcla perfecta de biografía y teología, una com- binación magistral de precisión objetiva y profundidad doctrinal. No solo relatan con exactitud la historia de la vida y el ministerio de Jesús, sino que presentan simultáneamente las glorias infinitas de su persona divina a fin de que sus lectores puedan llegar a conocerlo por quién realmente es: el Hijo del hombre y el Hijo de Dios. Al igual que los otros tres escritores, el propósito de Marcos fue revelar y declarar la verdad acerca de la persona y la obra del Señor Jesús. Marcos comenzó su Evangelio declarando que Jesús es el divino Rey mesiánico, presentándolo con un título real: "Jesucristo, Hijo de Dios" (1:1). En los versículos posteriores se identifica a Jesús como "el Señor" (1:3), el que había de venir (1:7), el que bautiza con el Espíritu Santo (1:8), el "Hijo amado" del Padre (1:11), aquel que ofrece "el evangelio del reino de Dios" (1:14), y "el Santo de Dios" (1:24).

Ya en el capítulo 2 está claro que Jesús gozaba del poder soberano para autenticar títulos tan elevados al demostrar inigualable autoridad sobre Satanás y la tentación (1:12-13), los demonios y la posesión demoníaca (1:25-26), la enfermedad (1:29-34), el pecado y sus efectos (2:5-12), y hasta los estigmas sociales del judaísmo del siglo I (2:13-17). Sus obras validaron de modo convincente sus palabras, lo que demuestra más allá de toda duda legítima que Él era el Hijo de Dios, digno de todo título exaltado y superlativo glorioso que alguna vez se le otorgara (cp. Jn. 10:37-38). Además, el Antiguo Testamento había declarado la verdad de que el Mesías sería divino (cp. Sal. 2:7-12; 110:1; Pr. 30:4; Dn. 7:13-14; Jer. 23:5-6; Mi. 5:2). Isaías 9:6 afirma su deidad sin reservas: "Porque un niño nos es nacido, hijo nos es dado, y el principado sobre su hombro; y se llamará su nombre Admirable, Consejero, Dios Fuerte, Padre Eterno, Príncipe de Paz". Esos títulos encuentran su perfecto cumplimiento en Cristo Jesús.

SEÑOR DEL DÍA DE REPOSO

En Marcos 2:23-28 se nos presenta otro de los títulos de Jesús: "Señor del día de reposo" (v. 28). Esa designación, procedente de los propios labios de Jesús, subraya su autoridad divina mientras lo pone de nuevo en conflicto directo con los hipócritas dirigentes religiosos del judaísmo. El conflicto era inevitable cada vez que Jesús interactuaba con los fariseos y escribas. Él encarnaba la verdad (Jn. 14:6); ellos representaban un sistema de actuación superficial y religión falsa. De la misma forma que la luz perfora la oscuridad, las palabras de Cristo iluminaron el sistema religioso corrupto de Israel, dando a conocer el tradicionalismo muerto que caracterizaba a sus más ardientes defensores. Jesús se negó a medir sus palabras, desenmascarando a los fariseos y escribas por lo que realmente eran: falsos maestros ciegos espiritualmente que convertían a sus discípulos en hijos del infierno (cp. Mt. 7:15-20; 15:14; 23:15). Las declaraciones dogmáticas del Señor no dejaban lugar a la ambigüedad o la ambivalencia. ¿Permanecerían sus oyentes atrapados como esclavos en un sistema de reglas y regulaciones extrabíblicas, o serían libres a través del evangelio de la gracia mediante la fe en el Salvador (cp. Jn. 8:31-36)?

Cuando Jesús declaró ser el Señor del día de reposo propinó un severo golpe a todo el sistema de mérito y obras de justicia que encontraba su punto clave en el día de reposo. El séptimo día de cada semana se había convertido en la plataforma para la exhibición del legalismo farisaico. La orden de observar el día de reposo, al igual que los otros nueve mandamientos, tenía la intención de promover el amor hacia Dios y los demás (cp. Éx. 20:1-17; Mr. 12:28-31). Lo que Dios estableció como un día de reverencia hacia Él y descanso del trabajo, los fariseos y escribas lo transformaron en un día de sofocante regulación y restricción. Así como Jesús enfrentó a los saduceos por hacer del templo una cueva de ladrones (Mt. 21:13), también criticó a los fariseos por convertir un día de adoración semanal en una carga rigurosa de guardar reglas extrañas. Al retar de manera abierta las tradiciones hechas por el hombre con relación al día de reposo, Jesús se puso en conflicto directo con los líderes religiosos en el punto más sensible para ellos. Los dirigentes religiosos vieron a Jesús como una seria amenaza para su sistema religioso. Por el contrario, Él los reprendió por ser impostores. Con justa indignación los condenó por perpetuar un sistema oneroso de ritualismo externo. Ellos se consideraban santos; Jesús los llamó hipócritas (cp. Mt. 23). Pero, en lugar de arrepentirse, endurecieron sus corazones contra Él. Cuanto más predicaba Jesús, más profundo se hacía su resentimiento hacia Él.

El hecho de que Jesús se relacionara abiertamente con la escoria de la sociedad, llamando incluso a un recaudador de impuestos para que fuera uno de sus discípulos más cercanos (2:14), solo aumentó la tensión. Con burla lo llamaron "amigo de pecadores" (Mt. 11:19; Lc. 7:34). Jesús aceptó el título recordándoles que no había "venido a llamar a justos, sino a pecadores" al arrepentimiento (Mr. 2:17).

Al afirmar que era el Señor del día de reposo, Jesús básicamente declaró su autoridad sobre toda la religión judía, porque la observancia del día de reposo era su punto más alto.

Las implicaciones de la afirmación de Cristo golpearon profundamente. La norma de un día de descanso fue establecida en la creación, cuando Dios mismo descansó el día séptimo (Gn. 2:2). Además, fue Dios quien escribió en las tablas de piedra en Éxodo 20:8: "Acuérdate del día de reposo para santificarlo" (cp. Éx. 31:12-17; Dt. 5:12-15). Fue Dios quien estableció el día de reposo. Por tanto, afirmar ser el Señor del día de reposo era reclamar deidad, una realidad que sin duda no pasó desapercibida para los fariseos y escribas, quienes se indignaron por lo que percibían que era una blasfemia.

Juan 5:9-18 narra un suceso que ocurrió en Judea poco antes de los hechos registrados en Marcos 2:23-28.[1] En esa ocasión, que

---

1. Para una armonía completa de los evangelios, véase John MacArthur, *Una vida perfecta* (Nashville: Grupo Nelson, 2014).

se llevó a cabo en un día de reposo, Jesús sanó a un hombre que había estado enfermo durante treinta y ocho años. Los fariseos, en lugar de reaccionar con misericordia, se indignaron porque Jesús le dijo al hombre que tomara su lecho y se fuera a casa, un acto que violaba las regulaciones rabínicas para el día de reposo. Como lo explica Juan:

Y al instante aquel hombre fue sanado, y tomó su lecho, y anduvo. Y era día de reposo aquel día. Entonces los judíos dijeron a aquel que había sido sanado: Es día de reposo; no te es lícito llevar tu lecho. Él les respondió: El que me sanó, él mismo me dijo: Toma tu lecho y anda. Entonces le preguntaron: ¿Quién es el que te dijo: Toma tu lecho y anda? Y el que había sido sanado no sabía quién fuese, porque Jesús se había apartado de la gente que estaba en aquel lugar. Después le halló Jesús en el templo, y le dijo: Mira, has sido sanado; no peques más, para que no te venga alguna cosa peor. El hombre se fue, y dio aviso a los judíos, que Jesús era el que le había sanado. Y por esta causa los judíos perseguían a Jesús, y procuraban matarle, porque hacía estas cosas en el día de reposo. Y Jesús les respondió: Mi Padre hasta ahora trabaja, y yo trabajo. Por esto los judíos aun más procuraban matarle, porque no sólo quebrantaba el día de reposo, sino que también decía que Dios era su propio Padre, haciéndose igual a Dios. (Jn. 5:9-18)

REGULACIONES HUMANAS PARA EL DÍA DE REPOSO

Los dirigentes religiosos judíos odiaron a Jesús porque quebrantó las regulaciones que ellos tenían para el día de reposo. Le aborrecieron aún más porque, en el proceso de hacer caso omiso de las reglas extrabíblicas de ellos, Él afirmaba ser igual a Dios. Cuando Jesús habló de sí mismo como el Señor del día de reposo no se estaba yendo por las ramas. Con esa simple afirmación asaltaba directamente al judaísmo apóstata y, al mismo tiempo, declaraba su divinidad. Jesús invitó a Israel a volver a la verdadera intención del día de reposo: el propósito que Él mismo había establecido para ese día cuando dio el cuarto mandamiento a Moisés siglos antes (cp. Jn. 5:46; 8:58).

El día de reposo fue dado con la intención de que fuera un día de adoración y descanso para el pueblo de Dios bajo el antiguo pacto. La palabra traducida "día de reposo" se deriva del término hebreo *shabbat*, que quiere decir "descansar", "cesar", o "desistir". En el séptimo día de cada semana, los israelitas debían abstenerse de trabajar a fin de enfocar su atención en honrar al Señor. Durante los quince siglos siguientes, desde la época de Moisés hasta el ministerio de Jesús, el día de reposo acumuló una enorme cantidad de reglas y regulaciones rabínicas adicionales, las cuales convertían la observancia del séptimo día en una carga insoportable (cp. Mt. 15:6, 9). No menos de veinticuatro capítulos del Talmud (el texto básico del judaísmo rabínico) se centran en regulaciones del día de reposo, definiendo meticulosamente los casi innumerables detalles de lo que constituía un comportamiento aceptable.

Casi ningún aspecto de la vida se salvó de las exigentes regulaciones rabínicas del día de reposo, las cuales estaban diseñadas para ganar el favor de Dios. Había leyes acerca del vino, de la miel, de la leche, de escupir, de escribir, y de quitar la suciedad de la ropa. Cualquier cosa que pudiera inventarse como trabajo estaba prohibida. Por tanto, en un día de reposo los escribas no podían portar sus plumas, los sastres sus agujas, o los estudiantes sus libros. Hacerlo podría tentarlos a trabajar en el día de reposo. En ese sentido, cargar cualquier cosa más pesada que un higo seco estaba prohibido; y si el objeto en cuestión debía recogerse en un lugar público, solo podía dejársele en un lugar privado. Si el objeto se lanzaba al aire, tenía que ser agarrado con la misma mano; agarrarlo con la otra mano constituiría trabajo, y por tanto sería una violación del día de reposo. No se podía matar insectos. Ninguna vela o llama podía prenderse o apagarse. Nada podía comprarse o venderse. No estaba permitido bañarse, ya que podía derramarse agua en el piso y lavarlo accidentalmente. No podía moverse ningún mueble dentro de la casa, ya que podía crear surcos en el piso de tierra, y podía considerarse un arado. Un huevo no se podía cocinar, aunque lo único que se hiciera fuera ponerlo en la arena caliente del desierto. No podía dejarse un rábano en sal porque se convertiría en encurtido, y encurtir era un trabajo. A los enfermos solo se les podía dar tratamiento para mantenerlos vivos. Todo tratamiento médico que les mejorara su condición se consideraba trabajo y, por tanto, estaba prohibido. Ni siquiera se permitía a las mujeres mirarse en un espejo, ya que podrían ser tentadas a quitarse alguna cana que vieran. Tampoco se les permitía usar joyas, pues estas pesaban más que un higo seco.

Otras actividades que estaba prohibido realizar en el día de reposo incluían lavar ropa, teñir lana, esquilar ovejas, hilar lana, hacer o deshacer nudos, sembrar semillas, arar un campo, recoger una cosecha, atar gavillas, trillar, moler, amasar, cazar un venado, o preparar su carne. Una de las restricciones más interesantes se relacionaba con la distancia que las personas podían recorrer el día de reposo. No se permitía ir más allá de 900 metros de casa (o dar más de 1.999 pasos). Debido a inquietudes prácticas, los rabinos idearon formas creativas para desplazarse. Si ponían alimentos en el punto de los 900 metros antes de que comenzara el día de reposo, ese punto se consideraba una extensión de la casa, por tanto permitía recorrer otros 900 metros. O si se ponía una cuerda o se colocaba un pedazo de madera a través de una calle o un callejón estrecho, se consideraba una puerta, lo que la hacía parte de la casa y permitía que los 900 metros comenzaran allí. Incluso, en tiempos modernos, los vecindarios judíos agrupan viviendas usando cuerdas (que se conocen como un "eruv"). Al hacer eso, desde la perspectiva de la ley rabínica se crea un solo hogar de cada edificio conectado, y esto permite a las personas moverse libremente dentro del área definida sin estar limitadas a la restricción de 900 metros, así como llevar ciertos artículos del hogar como llaves, medicinas, cochecitos, bastones, y hasta bebés.[2]

Las tradiciones humanas perpetuadas por los fariseos y escribas ponían claramente un peso abrumador sobre el pueblo (cp. Mt. 15:3; 23:4; Lc. 11:46; Hch. 15:10). Por el contrario, Jesús recibió a sus oyentes con palabras liberadoras de verdadero alivio: "Venid a mí todos los que estáis trabajados y cargados, y yo os haré descansar. Llevad mi yugo sobre vosotros, y aprended de mí, que soy manso y humilde de corazón; y hallaréis descanso para vuestras almas; porque mi yugo es fácil, y ligera mi carga" (Mt. 11:28-30). El Señor no estaba hablando de aliviar el trabajo físico. Más bien, estaba ofreciendo libertad para los que se encontraban bajo la carga de un legalismo opresivo en cuanto al día de reposo, del cual no podían obtener alivio ni este podía darles salvación.

Como nota al margen, es importante entender que, en la era de la Iglesia, la observancia del día de reposo no se requiere de los creyentes (Col. 2:16; cp. Ro. 14:5-6; Gá. 4:9-10). La iglesia primitiva separó el domingo, el primer día de la semana, como el día en que se reunía para adorar, instruir y tener compañerismo (cp. Hch. 20:7; 1 Co. 16:2). Sin embargo, no es atinado igualar el "Día del Señor" (domingo) con el día de reposo del Antiguo Testamento, ya que el Nuevo Testamento abroga por completo el día de reposo. Aun así, esta instrucción de nuestro Señor con relación a ese día (en Mr. 2:23-28) contiene abundantes verdades cristológicas para la Iglesia.

2. Para un estudio más detallado de las restricciones rabínicas para el día de reposo, véase Alfred Edersheim, "The Ordinances and Law of the Sabbath as Laid Down in the Mishnah and the Jerusalem Talmud", apéndice XVII en *The Life and Times of Jesus the Messiah* (Grand Rapids: Eerdmans, 1974), 2:777-87.

Marcos relata en este pasaje el primero de dos incidentes en que Cristo retó directamente la falsa comprensión de los fariseos acerca del día de reposo. El segundo incidente (narrado en Mr. 3:1-6) tuvo lugar en la sinagoga. Este acontecimiento (2:23-28), que tal vez ocurrió una semana antes cuando Jesús y sus discípulos caminaban por algunos campos de cereales, se puede entender bajo cuatro encabezados: el incidente del día de reposo (v. 23), la acusación despectiva (v. 24), el ejemplo bíblico (vv. 25-26) y el intérprete soberano (vv. 27-28).

El incidente del día de reposo

Aconteció que al pasar él por los sembrados un día de reposo, sus discípulos, andando, comenzaron a arrancar espigas. (Mr. 2:23)

En este particular día de reposo, Jesús y sus discípulos caminaban por campos donde crecía trigo. Los fariseos les seguían los pasos con cuidado. "En aquel tiempo iba Jesús por los sembrados en un día de reposo; y sus discípulos tuvieron hambre" (Mt. 12:1). Por tanto, "comenzaron a arrancar espigas". Lucas agrega que ellos "arrancaban espigas y comían, restregándolas con las manos" (Lc. 6:1). El cultivo que crecía en esos campos probablemente era de trigo o cebada. El grano madura de abril a agosto en Israel, lo que indica que este suceso tal vez tuvo lugar en primavera o verano.

En el mundo antiguo era normal que los senderos cruzaran los campos, de modo que los viajeros atravesaban cultivos en forma rutinaria. Las carreteras eran escasas, especialmente en áreas rurales, así que por lo general los viajes se realizaban por caminos anchos que se extendían de un poblado al otro, pasando a través de campos y praderas. Cuando iban de camino, las personas viajaban junto a los cultivos que se alineaban a ambos lados del sendero. Teniendo esto en cuenta, Dios había prescrito una provisión para su pueblo. Según Deuteronomio 23:25, "cuando entres en la mies de tu prójimo, podrás arrancar espigas con tu mano; mas no aplicarás hoz a la mies de tu prójimo". Recoger la cosecha de grano de alguien más (con una hoz) no estaba permitido por obvias razones. Arrancar algunas espigas al caminar al lado de un campo maduro de trigo o cebada era una provisión hecha por Dios mismo.

Los discípulos de Jesús estaban haciendo exactamente lo que les permitía hacer el Antiguo Testamento. Al arrancar las espigas las frotaron con las manos para quitarles las cáscaras y luego poder comerse los granos. Sus acciones estaban perfectamente permitidas dentro de los propósitos de Dios, pero no dentro de las mentes de los judíos religiosos.

La acusación despectiva

Entonces los fariseos le dijeron: Mira, ¿por qué hacen en el día de reposo lo que no es lícito? (Mr. 2:24)

Es difícil imaginar cómo los fariseos podían estar siguiendo a Jesús a través de los campos de trigo mientras se hallaban dentro de los 900 metros de sus casas. Cualquiera que fuera la justificación por sus propias transgresiones, se indignaron al observar que los discípulos de Jesús transgredían la ley rabínica. Acusaron a los discípulos de hacer "lo que no es lícito". Según se indicó, Jesús y sus seguidores no habían quebrantado ninguna ley bíblica. Los fariseos habían puesto su tradición humana por encima de las Escrituras (cp. Mt. 15:3, 6). Se pusieron a sí mismos como la autoridad sobre las observancias del día de reposo, usurpando así la posición que le corresponde al único y verdadero Señor del día de reposo, según Jesús les dejaría en claro más adelante.

Los fariseos se enfurecieron al ver lo que los discípulos estaban haciendo. Ofendidos porque Jesús permitía a sus seguidores cometer una violación tan flagrante, "le dijeron: Mira, ¿por qué hacen en el día de reposo lo que no es lícito?". Según Lucas 6:2, "los fariseos" no limitaron sus ataques solo a los discípulos, sino que también los dirigieron a Jesús. La única ley que se estaba transgrediendo era la de los fariseos. Según normas rabínicas, los discípulos eran culpables de varias acciones prohibidas: cosechar (al recoger el grano), cernir (al quitar la cáscara), trillar (al hacer rozar las espigas), aventar (al lanzar la paja al aire), y preparar alimentos (al comer el grano una vez que lo habían limpiado). Ninguna de estas actividades era permitida en el día de reposo.

Sin preocuparse por el hambre o el bienestar de los discípulos de Jesús, el único interés de los fariseos era proteger las regulaciones menores que conformaban su sistema hipócrita de religión externa. Siguieron a Jesús para examinar cómo se comportaba, con el único propósito de encontrar algo por lo cual acusarlo. La actitud del corazón detrás de la pregunta que le hicieron era de odio hacia Jesús, debido a que Él y sus seguidores vivían en tan abierta provocación de su sistema de religión, en el cual el día de reposo era el fundamento.

El ejemplo bíblico

Pero él les dijo: ¿Nunca leísteis lo que hizo David cuando tuvo necesidad, y sintió hambre, él y los que con él estaban; cómo entró en la casa de Dios, siendo Abiatar sumo sacerdote, y comió los panes de la proposición, de los cuales no es lícito comer sino a los sacerdotes, y aun dio a los que con él estaban? (Mr. 2:25-26)

Sin ningún tipo de disculpa, Jesús les respondió retando su autoridad y poniendo al descubierto la ignorancia que mostraban en cuanto al Antiguo Testamento. "Les dijo: ¿Nunca leísteis lo que hizo David cuando tuvo necesidad, y sintió hambre, él y los que con él estaban; cómo entró en la casa de Dios, siendo Abiatar sumo sacerdote, y comió los panes de la proposición, de los cuales no es lícito comer sino a los sacerdotes, y aun dio a los que con él estaban?". Obviamente, los fariseos habían leído la historia acerca de David. Pero las palabras de Jesús resaltaron que, aunque ellos conocían los hechos de la historia, eran ignorantes de su verdadero significado. Por tanto, Jesús respondió a la pregunta que le hicieron con una de su propiedad: "¿Nunca leísteis?". La pregunta retórica puso al descubierto la ignorancia de quienes se presentaban a sí mismos como expertos en las Escrituras y maestros de Israel (cp. Mt. 19:4; 21:42; 22:31; Mr. 12:10; Jn. 3:10). En realidad, Jesús estaba preguntándoles: "Si ustedes son tan exigentes estudiantes de la Biblia, ¿por qué no saben lo que esta dice?".

El relato al que se refirió Jesús se encuentra en 1 Samuel 21:1-6. David, huyendo con las manos vacías de Guibeá para escapar de Saúl, llegó al tabernáculo que estaba localizado en Nob, como a kilómetro y medio al norte de Jerusalén. Hambriento y sin adecuadas provisiones, David le pidió comida al sacerdote Ahimelec.

El sacerdote respondió a David y dijo: No tengo pan común a la mano, solamente tengo pan sagrado; pero lo daré si los criados se han guardado a lo menos de mujeres. Y David respondió al sacerdote, y le dijo: En verdad las mujeres han estado lejos de nosotros ayer y anteayer; cuando yo salí, ya los vasos de los jóvenes eran santos, aunque el viaje es profano; ¿cuánto más no serán santos hoy sus vasos? Así el sacerdote le dio el pan sagrado, porque allí no había otro pan sino los panes de la proposición, los cuales habían sido quitados de la presencia de Jehová, para poner panes calientes el día que aquéllos fueron quitados (1 S. 21:4-6).

El único pan en el tabernáculo era "el pan de la proposición" (Éx. 25:30). Cada día de reposo se horneaban doce barras de pan sagrado y se ponían sobre la mesa de oro en el Lugar Santo.

Después que se colocaban los panes frescos, a los sacerdotes se les permitía comer el pan de la semana anterior, pero a nadie más se le permitía comerlo (Lv. 24:9). Al ver la necesidad que ellos tenían, Ahimelec mostró compasión a David y sus hombres haciendo una excepción y dándoles el pan sagrado. La única condición que puso fue "si los criados se han guardado a lo menos de mujeres" de modo que estuvieran ceremonialmente puros. Es significativo que Dios no castigara ni a Ahimelec ni a David por sus acciones. Permitió que una ley ceremonial fuera violada por el bien de satisfacer una necesidad humana urgente. Es más, la única persona ofendida por el acto de bondad de Ahimelec fue el colérico rey Saúl (1 S. 22:11-18).

El propósito de Jesús, como lo ilustra el relato del Antiguo Testamento, fue que a los ojos de Dios mostrar compasión era más importante que el apego estricto al ritual y la ceremonia. Su ilustración empleó el conocido estilo rabínico de argumentar de menor a mayor. Si era permitido para Ahimelec, un sacerdote humano, hacer una excepción a la ley ceremonial de Dios a fin de ayudar a David y sus hombres, sin duda alguna era apropiado para el Hijo de Dios pasar por alto la tradición rabínica no bíblica para suplir la necesidad de sus discípulos. Los dirigentes religiosos estaban mucho más preocupados por preservar su propia autoridad que por las necesidades de alguien más. De igual manera en que Saúl persiguió a David para matarlo, los fariseos ya estaban buscando darle muerte al Hijo de David.

De acuerdo con el relato de Mateo (12:5-6), Jesús también dijo a los fariseos: "¿O no habéis leído en la ley, cómo en el día de reposo los sacerdotes en el templo profanan el día de reposo, y son sin culpa? Pues os digo que uno mayor que el templo está aquí". Al señalar el ejemplo de los sacerdotes, Jesús demostró la incongruencia de la propia norma legalista de los fariseos. Cada día de reposo se requería de los sacerdotes que estaban ministrando que encendieran fuego en el altar y mataran animales para el sacrificio (cp. Lv. 24:8-9; Nm. 28:9-10). Estas actividades violaban claramente las restricciones rabínicas de lo que era permisible en el día de reposo. Sin embargo, los fariseos exoneraban a los sacerdotes de cualquier maldad. Incluso bajo la propia norma superlegalista de los fariseos se permitían algunas violaciones al día de reposo y hasta se consideraban necesarias.

La afirmación de Señor de que "uno mayor que el templo está aquí" era nada menos que una declaración de su deidad. El único mayor que el templo (que simbolizaba la presencia de Dios entre su pueblo) era Dios mismo. Como Aquel mayor que el templo, Jesús ejerció la autoridad divina para condenar las prácticas de los fariseos.

El intérprete soberano

También les dijo: El día de reposo fue hecho por causa del hombre, y no el hombre por causa del día de reposo. Por tanto, el Hijo del Hombre es Señor aun del día de reposo. (Mr. 2:27-28)

Dios nunca quiso que la ceremonia, el ritual y la tradición obstaculizaran el camino de la misericordia, la bondad y la caridad hacia otros. Por tanto, Jesús explicó a los fariseos que incluso originalmente "el día de reposo fue hecho por causa del hombre, y no el hombre por causa del día de reposo". El propósito de Dios para el día de reposo fue dar a su pueblo un descanso semanal. Pero los fariseos habían convertido una bendición divina en una carga terrible.

Mateo 12:7 indica que Jesús también dijo a los fariseos: "Y si supieseis qué significa: Misericordia quiero, y no sacrificio, no condenaríais a los inocentes". Al citar una porción de Oseas 6:6, Jesús recordó a sus oyentes que Dios diseñó el día de reposo como una jornada de reflexión espiritual y recuperación física para el pueblo. Pero al convertirlo en un día agobiante de observación restrictiva, los fariseos empañaron el verdadero propósito. La realidad era que ellos eran los verdaderos violadores del día de reposo. Su indiferencia ante las necesidades de los discípulos de Jesús, y su indignación fingida por el hecho de que se habían quebrantado sus costumbres, demostraron la decadencia y la impiedad de su religión. El conflicto ya había alcanzado un tono febril cuando Jesús agravó aún más la situación. En el versículo 28 les declaró: "Por tanto, el Hijo del Hombre es Señor aun del día de reposo". Sin advertencia o excusas, Jesús afirmó ser el gobernante soberano sobre el día de reposo. Si hubiera habido alguna ambigüedad en cuanto a su anterior afirmación de que "uno mayor que el templo está aquí" (Mt. 12:6), esta desapareció. Jesús estaba afirmando claramente que era Dios, el Creador, y Aquel que diseñó el día de reposo en primer lugar y que era el soberano sobre este (cp. Jn. 1:1-3). Él era "el Hijo del Hombre", un título mesiánico de Daniel 7:13-14, el Rey divino que creó el día de reposo y definió sus parámetros. Los fariseos se enorgullecían de ser los intérpretes autorizados del mensaje y la voluntad de Dios. En medio de ellos se hallaba Aquel cuya interpretación era infinitamente más autorizada: el mismo Hijo de Dios.

Como Dios en carne humana, Jesús condenó los intentos altaneros de los fariseos por agradar a Dios. Él se caracterizó por la gracia; ellos se enorgullecían de sus obras. Él demostró misericordia y compasión a las personas; ellos solo se interesaban en proteger sus mezquinas costumbres. Él ejemplificó el verdadero propósito del día de reposo; ellos torcieron una bendición divina en un triste día de ingrata tarea.

Para los fariseos, el día de reposo les pertenecía. Durante siglos habían estado elaborando sus reglas. Cuando Jesús se elevó por encima de ellos y de sus reglas declarándose el Señor del día de reposo, la hostilidad y el odio de ellos no podía satisfacerse hasta que lo hubieran asesinado.

——— ⌁⊗⌁ ———

Capítulo 6

LA AUTORIDAD DE CRISTO SOBRE LA CREACIÓN

MATEO 14:22-33

En seguida Jesús hizo a sus discípulos entrar en la barca e ir delante de él a la otra ribera, entre tanto que él despedía a la multitud. Despedida la multitud, subió al monte a orar aparte; y cuando llegó la noche, estaba allí solo. Y ya la barca estaba en medio del mar, azotada por las olas; porque el viento era contrario. Mas a la cuarta vigilia de la noche, Jesús vino a ellos andando sobre el mar. Y los discípulos, viéndole andar sobre el mar, se turbaron, diciendo: ¡Un fantasma! Y dieron voces de miedo. Pero en seguida Jesús les habló, diciendo: ¡Tened ánimo; yo soy, no temáis! Entonces le respondió Pedro, y dijo: Señor, si eres tú, manda que yo vaya a ti sobre las aguas. Y él dijo: Ven. Y descendiendo Pedro de la barca, andaba sobre las aguas para ir a Jesús. Pero al ver el fuerte viento, tuvo miedo; y comenzando a hundirse, dio voces, diciendo: ¡Señor, sálvame! Al momento Jesús, extendiendo la mano, asió de él, y le dijo: ¡Hombre de poca fe! ¿Por qué dudaste? Y cuando ellos subieron en la barca, se calmó el viento. Entonces los que estaban en la barca vinieron y le adoraron, diciendo: Verdaderamente eres Hijo de Dios. (Mt. 14:22-33)

Muchos consideran que el clímax de este dramático suceso es Jesús caminando sobre el agua. Otros piensan que se encuentra en la calma instantánea del mar agitado. Pero están equivocados. Con todo lo importante que son esos elementos, el pináculo de este pasaje es la adoración que los discípulos le dieron a Jesús cuando confesaron: "Verdaderamente eres Hijo de Dios" (v. 33).

Aunque el Padre había dicho esto de Jesús en su bautismo (3:17) e incluso los demonios en Gadara se habían dirigido a Él como el Hijo de Dios (8:29), esta fue la primera vez que los doce declararon de manera inequívoca que su Maestro era el Hijo de Dios.

Dentro de los acontecimientos de Mateo 14:22-33, hay cinco demostraciones o pruebas de la deidad de Jesús que llevaron a la confesión de los discípulos. En el espacio de unas pocas horas recibieron verificaciones inconfundibles de la autoridad divina, el conocimiento divino, la protección divina, el amor divino, y el poder divino de Jesús.

PRUEBA DE LA AUTORIDAD DIVINA DE JESÚS

En seguida Jesús hizo a sus discípulos entrar en la barca e ir delante de él a la otra ribera, entre tanto que él despedía a la multitud. Despedida la multitud, subió al monte a orar aparte; y cuando llegó la noche, estaba allí solo. (Mt. 14:22-23)

La primera afirmación de la deidad de Jesús en esta ocasión fue su demostración de autoridad divina. Que "en seguida Jesús [hiciera que] sus discípulos [entraran] en la barca" sugiere firmemente que estaban reacios a dejarlo allí y que tal vez habían altercado con Él al respecto. Tan pronto como los cinco mil hombres, junto con las mujeres y los niños, fueron alimentados y recogidas las doce canastas de sobras, la multitud declaró: "Este verdaderamente es el profeta que había de venir al mundo", entonces "iban

La autoridad de Cristo sobre la creación (Mateo 14:22-33)

a venir para apoderarse de él y hacerle rey" (Jn. 6:14-15*a*). A fin de evitar que eso sucediera, Jesús "volvió a retirarse al monte él solo" (v. 15*b*). En realidad, Él era el Rey profetizado, pero no establecería su reino terrenal en ese tiempo. En todo caso, no era prerrogativa del gentío coronarlo.

La multitud y los discípulos anhelan un rey terrenal

Los discípulos sin duda alguna creyeron que el reconocimiento de la multitud debió haberse hecho mucho tiempo atrás, y se alegraron de que Jesús fuera al fin reconocido como el Mesías, el Rey venidero que derrocaría a la dinastía de Herodes y a Roma, y que establecería a Israel en su legítimo lugar de liderazgo mundial. Jesús mismo les había enseñado a orar porque viniera el reino (Mt. 6:10), y este parecía un momento oportuno para que Él comenzara a hacer realidad la respuesta a esa oración.

También es probable que los discípulos pensaran en las altas posiciones que tendrían como jefes administradores de Jesús en el reino, y en el prestigio y el poder que esos cargos traerían. Habían sufrido indiferencia y humillaciones al estar con el Señor durante unos dos años, mientras vivían sin nada que llevarse a la boca. Ahora que la multitud estaba enardecida por apoyar a Jesús, ¿qué mejor momento podría haber para hacer su primer movimiento público hacia el trono? Parece seguro que el mundano, egoísta y ambicioso Judas en particular habría albergado firmemente esa manera de pensar entre sus compañeros discípulos.

Como sabía lo que los discípulos estaban pensando, y conocía la creciente influencia que la multitud tenía sobre ellos, "Jesús" los alejó de la incitación diabólica ordenándoles "entrar en la barca e ir delante de él a la otra ribera". Al menos en parte, debido a la susceptibilidad que tenían hacia los planes políticos de la gente, Él "hizo" que los discípulos se fueran.

Juan identifica el destino específico de "la otra ribera" como

Capernaum (6:24), y Marcos como Genesaret (6:53), una pequeña y fértil llanura en la costa oeste del lago de Galilea entre Capernaum y Magdala. Se trataba de un corto viaje a través del extremo norte del lago, que la mayoría de discípulos había hecho muchas veces. Pero ahora se resistían a salir, no solo debido al entusiasmo del gentío por hacer rey a Jesús, sino también porque no querían separarse de Él. A pesar de que eran débiles en la fe y fáciles de influenciar, estaban profundamente dedicados al Señor y se sentían incompletos y vulnerables cuando Él no estaba con ellos. También pudieron haber no querido partir entonces porque podían sentir que el viento comenzaba a soplar, y se mostraban cautelosos para realizar incluso ese corto viaje durante un mal tiempo después del anochecer.

Sometimiento a la autoridad de Jesús

Independientemente de los motivos para su renuencia, los discípulos entraron "en la barca" y partieron. Estaban bajo la autoridad de Jesús, pero Él no tuvo que usar fuerza sobrenatural para obligarlos a salir. Su palabra firme fue suficiente, y es mérito de ellos que la obedecieran. Cuando les dijo que fueran "delante de él a la otra ribera", eso es lo que hicieron.

Jesús también demostró su autoridad divina sobre la multitud que, a pesar de su gran cantidad (tal vez veinticinco mil o más, incluyendo a las mujeres y los niños), no pudieron hacer que Jesús hiciera algo en contra del plan y la voluntad de su Padre. Después de enviar a los discípulos en su trayecto hacia Capernaum, también despidió "a la multitud" que estaba decidida a convertirlo en rey a su propia manera y para sus propios propósitos, pero no pudieron lograrlo. Sin acalorarse ni hacer ningún aspaviento, Jesús simplemente dispersó "la multitud", y ellos buscarían acostarse durante la noche donde pudieran cerca de Betsaida Julias, a pocos kilómetros tierra adentro de la costa noreste del lago.

En comunión con el Padre

"Despedida la multitud, subió al monte a orar aparte; y cuando llegó la noche, estaba allí solo". Jesús tenía poco tiempo para descansar o para pasar horas tranquilas con los discípulos. Únicamente tenía tiempo para "orar", después de lo cual iría a encontrar milagrosamente a los discípulos en medio del viento furioso en el mar.

Las tentaciones de Jesús no comenzaron ni terminaron con los tres encuentros con Satanás que enfrentó en el desierto inmediatamente después de su bautismo. Al final de esa sesión, el diablo "se apartó de él por un tiempo" (Lc. 4:13). El entusiasmo de la multitud y de los discípulos por hacerlo rey fue muy parecido a la tercera tentación en el desierto en la que Satanás le ofreció a Jesús "todos los reinos del mundo y la gloria de ellos" (Mt. 4:8-9). El diablo pudo haber preguntado: "¿Qué mejor momento para establecer tu reino que la temporada de Pascua, y en qué mejor manera entrar a Jerusalén que en una marcha triunfante al frente de miles de seguidores fieles y entusiastas?". Seguramente, Jesús reuniría muchos miles más en el camino a la Ciudad Santa, y su poder sobrenatural garantizaría la victoria contra cualquier oposición. Fácilmente podría vencer a la familia Herodes, e incluso la poderosa Roma no sería rival para el Hijo de Dios. Él podría eludir la cruz y evitar la agonía de tener que llevar el pecado del mundo sobre sí mismo.

A cualquier pensamiento que Satanás pudo haber tratado de ponerle en la mente, Jesús dio la espalda a esa maldad y procedió exactamente como hizo en todas las demás ocasiones. Él entonces fue delante de su Padre celestial "a orar".

En un sentido, celebró una victoria, pero fue sobre la tentación, no sobre Roma. Jesús volvió su atención hacia su Padre celestial, a quien se unió en comunión íntima y renovadora. Al igual que en el huerto, sin duda anheló ser restaurado a la gloriosa comunión que había tenido con su Padre antes que el mundo llegara incluso a existir (Jn. 17:5). Pero Jesús tenía aún otras cosas que hacer.

Al final de su ministerio terrenal, Jesús le dijo a Pedro: "Satanás os ha pedido para zarandearos como a trigo; pero yo he rogado por ti, que tu fe no falte" (Lc. 22:31-32). Muchas veces antes que lo hiciera en su oración sacerdotal (Jn. 17:6-26), Jesús oró por sus discípulos, y es probable que orara por ellos en esta ocasión. Para entonces era la segunda "noche" del día, la cual duraba desde las seis hasta las nueve. La multitud había sido alimentada durante la primera noche (Mt. 14:15), que era de las tres a las seis. Y, cuando oscureció, Jesús "estaba allí solo" en el monte.

Prueba del conocimiento divino de Jesús

Y ya la barca estaba en medio del mar, azotada por las olas; porque el viento era contrario. Mas a la cuarta vigilia de la noche, Jesús vino a ellos andando sobre el mar. (Mt. 14:24-25)

La segunda prueba de la deidad de Jesús fue su demostración de conocimiento divino. En obediencia al mandato que les dio, los discípulos habían entrado a la barca y se habían dirigido hacia la otra orilla del lago de Galilea. Sin embargo, poco después que partieran surgió un "viento" fuerte, y se hallaban atrapados "en medio del mar". La medida marina que se usaba en ese tiempo se llamaba estadio, y equivalía aproximadamente a doscientos metros. Juan nos informa que cuando se hallaban "en medio del mar" en realidad estaban a "veinticinco o treinta estadios de la orilla" (Jn. 6:19).

Debido a que, en un viaje normal a través del extremo norte del lago de Galilea, "la barca" no habría recorrido en cualquier momento más de dos a tres kilómetros de la ribera, es evidente que la tormenta la habría empujado varios kilómetros al sur hacia el centro del lago. La pequeña "barca" en que se hallaban los discípulos estaba siendo "azotada por las olas, porque el viento era contrario", alejándolos más y más de su destino y acercándolos cada vez más al desastre. Ya sea que la embarcación tuviera vela o no, esta habría sido inútil en medio de los fuertes vientos y las olas agitadas. El único medio para desplazarse era bogar, y ellos se dedicaron desesperadamente a "remar con gran fatiga" (Mr. 6:48) tratando de salvar sus vidas.

Los discípulos desesperados

Los discípulos ya se encontraban confundidos, frustrados, desilusionados y decepcionados de que Jesús los despidiera. A pesar de que debieron haberse preguntado por qué los envió a una muerte segura, los doce deben ser admirados por su obediencia y perseverancia. Aunque la noche era negra, la tormenta marina y la situación al parecer desesperada, estaban esforzándose por hacer lo que el Señor les había mandado. Lo peor era que Él no estuviera con ellos. Durante una tormenta similar lo habían despertado, y Él "reprendió a los vientos y al mar; y se hizo grande bonanza" (Mt. 8:26). Pero ahora Jesús se hallaba a kilómetros de distancia. Era probable que oyera la tormenta y estuviera al tanto de la situación en que se encontraban, pero parecía que no hubiera manera de llegar hasta ellos. Si todos los discípulos juntos no podían remar contra el viento y las olas, un solo hombre nunca podría hacerlo.

Jesús conocía la situación de los discípulos mucho antes que sucediera, y no tuvo que salir corriendo de la oración a fin de estar a tiempo para ayudar. La tormenta y los discípulos estaban igualmente en manos del Señor, y Él sabía por adelantado exactamente lo que haría en cada caso.

La noche estaba dividida en cuatro vigilias o turnos. La primera era de seis a nueve, la segunda de nueve a doce, la tercera de doce a tres, y la cuarta de tres a seis. "La cuarta vigilia de la noche" incluía, por tanto, el tiempo antes del amanecer, lo que indica que los discípulos habían estado en el mar por lo menos nueve horas, la mayor parte del tiempo batallando con la tormenta de viento.

"Jesús" esperó bastante tiempo antes de venir "a ellos", tal como esperó hasta que Lázaro hubiera estado muerto por varios días antes que el Señor llegara a Betania. En ambos casos, Él pudo haber llegado mucho antes de lo que hizo, y en ambos casos pudo haber realizado el milagro subsiguiente sin estar presente, tal como había hecho al curar el criado del centurión (Mt. 8:13). Por supuesto, Jesús pudo haber evitado la muerte de Lázaro, y que en primera instancia surgiera el vendaval. Pero en su infinita sabiduría permitió deliberadamente que María, Marta y los discípulos llegaran al extremo de la necesidad antes de intervenir. Él sabía todo acerca de ellos, y lo había sabido desde antes que nacieran. Y sabía infinitamente mejor que ellos lo que más les convenía para su bienestar y para la gloria de Dios.

Los discípulos deberían haberse regocijado con David, quien proclamó: "Si en el Seol hiciere mi estrado, he aquí, allí tú estás. Si tomare las alas del alba y habitare en el extremo del mar, aun allí me guiará tu mano, y me asirá tu diestra" (Sal. 139:8-10). Los doce deberían haber recordado que "Jehová será refugio del pobre, refugio para el tiempo de angustia" (Sal. 9:9), que el Señor era la fortaleza, el libertador, y la roca en que se refugiaban (Sal. 18:2), y que Él los mantendría seguros incluso cuando anduvieran por el "valle de sombra de muerte" (Sal. 23:4).

Sin embargo, en las exigencias de la noche, los doce habían olvidado esos salmos y el poder del Señor que exaltan. Tenían poca confianza en que el Señor, quien había conocido todo acerca del sufrimiento de su pueblo en Egipto y no lo había abandonado, fuera relevante en medio de esa tormenta. Ellos no vieron relación entre la súplica que le hacían y la realidad de que Dios había provisto un sustituto para Isaac cuando este enfrentaba la muerte.

El cuidado amoroso de Jesús

Incluso los discípulos habían olvidado la propia garantía que Jesús les había dado de que su Padre celestial conocía todas las necesidades que tenían aun antes que le pidieran (Mt. 6:32), que ni siquiera un solo pajarillo "cae a tierra sin vuestro Padre", y que "aun vuestros cabellos están todos contados" (10:29-30). En lo único que ellos podían pensar era en el peligro que corrían, y lo único que podían sentir era miedo.

No obstante, Jesús no había olvidado a los discípulos, y llegó hasta ellos a través del mismo peligro que amenazaba con destruirlos: "andando sobre el mar". Utilizó el sufrimiento como el sendero hacia ellos. Físicamente no podía verlos desde el monte o a través de la tormentosa oscuridad, pero sabía con exactitud dónde se hallaban. La visión de Dios no es como la nuestra, porque "los ojos de Jehová están en todo lugar, mirando a los malos y a los buenos" (Pr. 15:3). "Y no hay cosa creada que no sea manifiesta en su presencia; antes bien todas las cosas están desnudas y abiertas a los ojos de aquel a quien tenemos que dar cuenta" (He. 4:13).

PRUEBA DE LA PROTECCIÓN DIVINA DE JESÚS

Y los discípulos, viéndole andar sobre el mar, se turbaron, diciendo: ¡Un fantasma! Y dieron voces de miedo. Pero en seguida Jesús les habló, diciendo: ¡Tened ánimo; yo soy, no temáis! (Mt. 14:26-27)

La tercera prueba de la deidad de Jesús se manifestó en la protección para sus discípulos. Cuando se acercó a ellos en primera instancia, lo menos que creyeron es que estaban recibiendo alguna ayuda, porque "los discípulos, viéndole andar sobre el mar, se turbaron, diciendo: ¡Un fantasma! Y dieron voces de miedo". La palabra griega *theoreo* (de donde se deriva "viéndole"), significa mirar fijamente, lo que indica que los discípulos miraban como fascinados ante la aparición delante de ellos.

El reconocimiento del Maestro

Al principio, Jesús no caminó directamente hacia la barca sino que pareció que "quería adelantárseles" (Mr. 6:48), pero eso importó poco a los discípulos. Que un "fantasma" estuviera en cualquier parte cerca de ellos era suficiente para asustarlos casi hasta enloquecer. El término "fantasma" se refiere en griego a una aparición, una criatura de la imaginación, un espectro o un duende.

Muchos intérpretes liberales insisten en que los discípulos solo *pensaron* haber visto a Jesús caminar a través del agua mientras sus mentes cansadas y asustadas les jugaban una broma. Pero habría sido casi imposible que todos los doce experimentaran al mismo tiempo la aparición imaginada. Y esa explicación difícilmente justifica el hecho de que, de alguna manera, Jesús subió a la barca con ellos, y que tan pronto como lo hizo cesó la tormenta. Los escritores añaden la observación de que la embarcación se hallaba a gran distancia de la orilla. Tampoco, según algunos sugieren, pudieron los discípulos haber visto a Jesús andando a lo largo de la playa mientras pareciera estar caminando sobre el agua, incluso a plena luz del día. O ellos mintieron al relatar lo acontecido, o este ocurrió tal como lo narraron.

Debido a la oscuridad, a la niebla producida por el viento y las olas, a la fatiga por horas de estar remando, al miedo que ya se había apoderado de ellos a causa de la tormenta, no reconocieron a Jesús cuando se les apareció. Marcos informa que "todos le veían" (Mr. 6:50), pero ninguno sospechó que se trataba de Jesús. Y el miedo se les convirtió al instante en espanto al contemplar que la forma que ellos creyeron que era "un fantasma" llegaba para aumentar el tormento en que estaban. En la oscuridad antes del amanecer, la desesperanza se convirtió en horror y desesperación total. En medio del pánico que experimentaban, lo menos que podían hacer era dar "voces de miedo".

Aunque Jesús estaba probando la fe de los discípulos, comprendió su flaqueza. Les aplacó el temor diciéndoles simplemente: "¡Tened ánimo; yo soy, no temáis!". A pesar de los furiosos vientos, de las olas que azotaban contra la barca, y de sus mentes llenas de pánico, al instante reconocieron la voz de su Maestro.

No era el momento de pedir una explicación de por qué Jesús estaba allí, de qué planeaba hacer a continuación, o de por qué no había acudido antes. Era el momento de ofrecer "ánimo", de calmar la tormenta que rugía dentro de los discípulos, incluso antes de calmar la que rugía afuera.

La confianza en el Salvador soberano

Jesús no tenía que caminar sobre el agua para salvarlos, pero al hacerlo les ofreció un recordatorio inolvidable del poder y del alcance de la protección divina de su Maestro. Él no fue hasta la barca en medio de la tempestad para enseñarles a caminar sobre el agua sino para enseñarles que Dios puede actuar y que actuará a favor de los suyos.

Nunca nos encontraremos en un lugar en el que Cristo no pueda hallarnos, y ninguna tormenta es tan severa para que Él no se apiade de nosotros. Jesús protege a quienes le pertenecen, y nunca les fallará ni los abandonará (Jos. 1:5; He. 13:5). La enseñanza para los discípulos es la lección para nosotros: No hay razón para que el pueblo de Dios tema. No hay motivo para la ansiedad, por desesperados y amenazadores que parezcan ser nuestros problemas. A menudo la vida es tormentosa y dolorosa, con frecuencia siniestra y aterradora. Algunos creyentes sufren más que otros, pero todos padecen en algún momento y en alguna manera. A pesar de eso, la tormenta nunca es tan grave, la noche nunca es tan tenebrosa, y la barca nunca tan frágil que nos expongamos al peligro más allá del cuidado de nuestro Padre.

Cuando Pablo estaba en el barco que lo llevaba a Roma para comparecer ante el César, se vio frente a una tormenta muy violenta en el mar Mediterráneo cerca de la isla de Creta. Después que la tripulación había lanzado por la borda todo el cargamento, los pertrechos, los suministros y los alimentos, el barco todavía estaba en peligro de estrellarse contra las rocas. Pablo había advertido que debían permanecer en la seguridad del lugar llamado Buenos Puertos durante el invierno, pero ni el centurión ni el piloto de la embarcación tuvieron en cuenta el consejo. Cuando todo el mundo a bordo había perdido la esperanza de llegar a tierra con vida, un ángel se le apareció a Pablo, asegurándole que aunque el barco se perdería, todos saldrían vivos. Pero incluso antes del mensaje del ángel, a diferencia de los temerosos discípulos, Pablo estaba en perfecta paz y ofrecía ánimo a los que estaban en la embarcación con él, diciéndoles: "Varones, tened buen ánimo; porque yo confío en Dios que será así como se me ha dicho" (Hch. 27:25).

Por tanto, los discípulos que fueron renuentes para dejar a Jesús e ir a Capernaum obedecieron remando en medio de la tormenta que sabían que venía, y Jesús honró su fidelidad. Cuando los creyentes están en el lugar de la obediencia están en el lugar de la seguridad, cualesquiera que sean las circunstancias. El lugar de la seguridad no es el lugar de la circunstancia favorable sino el lugar de la obediencia a la voluntad de Dios. No obstante, su valor y fe, cuando fueron puestos a prueba por la furia del viento y de las olas, les falló y el Maestro tuvo que reafirmarles la realidad de su presencia. Y así lo hizo.

PRUEBA DEL AMOR DIVINO DE JESÚS

Entonces le respondió Pedro, y dijo: Señor, si eres tú, manda que yo vaya a ti sobre las aguas. Y él dijo: Ven. Y descendiendo

Pedro de la barca, andaba sobre las aguas para ir a Jesús. Pero al ver el fuerte viento, tuvo miedo; y comenzando a hundirse, dio voces, diciendo: ¡Señor, sálvame! Al momento Jesús, extendiendo la mano, asió de él, y le dijo: ¡Hombre de poca fe! ¿Por qué dudaste? (Mt. 14:28-31)

La cuarta prueba de la deidad de Jesús fue su demostración de amor divino. Aunque Marcos y Juan informan que Jesús caminó sobre el agua, solamente Mateo narra este incidente con relación a Pedro.

El motivo de Pedro

El "si" condicional de Pedro no reflejó duda de que se tratara de veras del Señor, porque ir hacia el agua y unirse a un fantasma no identificado era lo último que Pedro habría hecho. Por naturaleza, este hombre era impetuoso y temerario, y más de una vez su confianza excesiva lo metió en problemas, incluso con el Señor mismo. Pero se habría necesitado más que temeridad para que este pescador de toda la vida se hubiera aventurado a meterse al agua sin la ayuda de una embarcación, porque nadie a bordo conocía mejor que Pedro los peligros de las tormentas en Galilea. Es probable que en ocasiones hubiera sido arrojado al agua por vientos u olas, y que hubiera visto a otros experimentar el mismo trauma. Él no era tonto, y es poco probable que esta impetuosidad hubiera superado tan fácilmente la razón y precaución instintiva del discípulo.

Su gozo

Parece mucho más probable que Pedro se llenara de alegría al ver a Jesús, y que su preocupación suprema fuera estar seguro con el Señor. Una simple impetuosidad pudo haberlo hecho saltar de la barca, esperando de alguna manera que Jesús viniera a rescatarlo. Pero Pedro no era tan inocente, por lo que pidió al Señor: "manda que yo vaya a ti sobre las aguas". Él sabía que Jesús tenía el poder para permitirle andar "sobre las aguas", pero no presumió tratando de realizar la hazaña sin la orden expresa del Señor. La petición de Pedro fue un acto de afecto basado en fe confiada. No pidió que le hiciera andar sobre el agua por hacer algo espectacular, sino porque esta era la manera de llegar hasta Jesús.

Su amor, valor y fe

Pedro hizo muchas cosas por las que se le puede culpar; pero a veces es criticado por acciones que reflejan amor, valor y fe tanto como impetuosidad o cobardía. Por ejemplo, aunque negó al Señor mientras estaba en el patio durante el juicio a Jesús, estuvo allí tan cerca de Jesús como podía estar. El resto de los discípulos no se hallaban por ninguna parte. En la transfiguración en el monte, la sugerencia de Pedro fue poco sabia, pero la motivó su devoción sincera: "Señor, bueno es para nosotros que estemos aquí; si quieres, hagamos aquí tres enramadas: una para ti, otra para Moisés, y otra para Elías" (Mt. 17:4). Él amaba de corazón a Jesús y quería sinceramente servirle y agradarle. Pedro no se resistió por soberbia a que Jesús le lavara los pies, sino que en su profunda humildad no podía concebir que su Señor lavara los pies de alguien tan indigno. Y cuando Jesús explicó la importancia de lo que estaba haciendo, Pedro declaró: "Señor, no sólo mis pies, sino también las manos y la cabeza" (Jn. 13:9).

Pedro estuvo continuamente siguiendo el ejemplo del Señor. Al leer entre líneas los relatos del Evangelio no es difícil imaginar que, en ocasiones, Pedro siguió tan de cerca a Jesús que tropezara cuando Él se detenía. En la presencia de Jesús, Pedro sentía una maravillosa seguridad, y allí es donde el discípulo quería estar ahora. Era más seguro estar con Jesús sobre las aguas que estar sin Él en la barca.

Su amor imperfecto, pero real

El amor de Pedro por Jesús era imperfecto y débil, pero auténtico. Tres veces Jesús le preguntó si lo amaba, y en cada una de ellas Pedro contestó de modo afirmativo. Jesús no contradijo la respuesta de Pedro, sino que le recordó la obligación de cuidar las ovejas de su Maestro, y le advirtió el gran precio que ese amor demandaría (Jn. 21:15-18). La tradición asegura que cuando Pedro estaba a punto de ser crucificado pidió que lo colocaran boca abajo en la cruz, porque no se sentía digno de morir en la misma forma que su Señor.

El hecho de que Jesús le dijera a Pedro "ven" confirma la motivación correcta del discípulo. Jesús nunca invita, mucho menos ordena, que alguien haga algo pecaminoso. Tampoco ha sido nunca partidario del orgullo o la presunción. Con la mayor compasión, Jesús le dijo a Pedro "ven", complacido de que él quisiera estar con su Señor.

Por encima de todo, el gran amor de Pedro por Cristo es lo que lo convirtió en el líder de los discípulos. Él parece haber sido el más cercano a Cristo y siempre aparece el primero en las listas de los doce. Así como el Señor nunca rechaza la fe débil, sino que la acepta y utiliza, tampoco nunca rechaza el amor débil e imperfecto. Con gran paciencia y cuidado toma el amor de sus hijos y, a través de pruebas y dificultades, así como de éxitos y victorias, hace que ese amor llegue a estar en mayor conformidad con su propio amor.

Que Jesús le dijera a Pedro "ven" fue un acto de amor. Juan declaró: "Nosotros hemos conocido y creído el amor que Dios tiene para con nosotros". Es más, él sigue diciendo: "Dios es amor" (1 Jn. 4:16; cp. v. 8). Es la naturaleza de Dios ser amoroso, así como es la naturaleza del agua ser húmeda y la del sol ser brillante y caliente. Él ama a los suyos con un amor infinito, sin influencia, sin reservas, inmutable, eterno y perfecto.

Los cristianos reflejan de modo más perfecto a su Padre celestial cuando son amorosos, en especial unos con otros. Juan sigue explicando: "Si alguno dice: Yo amo a Dios, y aborrece a su hermano, es mentiroso. Pues el que no ama a su hermano a quien ha visto, ¿cómo puede amar a Dios a quien no ha visto?" (1 Jn. 4:20).

La fe de Pedro puesta a prueba

Aunque Pedro era sincero, no comprendió la realidad o la extremidad de lo que estaba deseando hacer. Desde la relativa seguridad de la barca, la hazaña no parecía tan aterradora; pero una vez que "Pedro [salió] de la barca [y caminó] sobre las aguas para ir a Jesús", la situación pareció radicalmente distinta. El discípulo quitó temporalmente la mirada del Señor y, "al ver el fuerte viento, tuvo miedo; y comenzando a hundirse, dio voces, diciendo: ¡Señor, sálvame!". La fe de Pedro fue suficiente para salir de la barca, pero no fue suficiente para llevarlo a través del agua.

La fe se fortalece al ser llevada a extremos que nunca antes ha enfrentado. Tal fortalecimiento es fundamental para el crecimiento y la madurez cristiana. Santiago afirma: "Bienaventurado el hombre que persevera bajo la prueba porque, cuando haya sido probado, recibirá la corona de vida que Dios ha prometido a los que lo aman" (Stg. 1:12, RVA-2015). El Señor nos lleva hasta donde vaya nuestra fe y, cuando esta finaliza, comenzamos a hundirnos. Es entonces que le clamamos y Él demuestra otra vez su fidelidad y poder, y nuestra fe aprende a extenderse mucho más allá. Cuando confiamos en Dios en la fe que tenemos, descubrimos las limitaciones de esa fe, pero también descubrimos lo que puede llegar a ser.

Cuando Pedro estaba "comenzando a hundirse", es probable que estuviera totalmente vestido y le habría sido muy difícil nadar en medio de las olas. Además, en su terror es posible que en lo único que pensara fuera en hundirse. Sin embargo, tan pronto como "dio voces, diciendo: ¡Señor, sálvame!", estuvo a salvo, porque "al momento Jesús, extendiendo la mano, asió de Él". Cuando Jesús lo reprendió diciéndole: "¡Hombre de poca fe! ¿Por qué dudaste?", Pedro debió haberse asombrado de la pregunta. La razón de que su fe fallara parecía obvia. Estaba agotado por remar la mayor parte de la noche, muerto de miedo por la tormenta y después por lo que creyó que era un fantasma, y ahora parecía que estaba a punto de ahogarse antes de poder llegar hasta donde el Señor. Pedro nunca antes había estado en una situación así, y es posible que al haber caminado realmente unos cuantos pasos sobre el agua aumentara su miedo.

Sin embargo, la débil fe de Pedro era mejor que nada de fe; y, al igual que en el patio cuando negó al Señor, al menos estuvo allí y no se echó para atrás como los demás. Al menos comenzó a ir hacia Jesús y, cuando vaciló, el Señor lo llevó el resto del camino.

Mientras se hallaba en el monte, Jesús había estado intercediendo por Pedro y los demás, y ahora acudía directamente a ayudarlos en medio de la tormenta. El Señor va delante de nosotros y va con nosotros. Cuando nos sentimos frustrados, ansiosos, desconcertados y asustados, Satanás nos tienta para que nos preguntemos por qué Dios permite que tales cosas les sucedan a sus hijos. Y si mantenemos la atención en esas cosas comenzamos a hundirnos, y nos hundiremos con tanta seguridad como pasó con Pedro. Pero si suplicamos ayuda al Señor, Él acudirá a rescatarnos con tanta seguridad como pasó con este discípulo.

Pedro escribiría más adelante: "En lo cual vosotros os alegráis, aunque ahora por un poco de tiempo, si es necesario, tengáis que ser afligidos en diversas pruebas, para que sometida a prueba vuestra fe, mucho más preciosa que el oro, el cual aunque perecedero se prueba con fuego, sea hallada en alabanza, gloria y honra cuando sea manifestado Jesucristo" (1 P. 1:6-7).

Prueba del poder divino de Jesús

Y cuando ellos subieron en la barca, se calmó el viento. Entonces los que estaban en la barca vinieron y le adoraron, diciendo: Verdaderamente eres Hijo de Dios. (Mt. 14:32-33)

El milagro más espectacular se llevó a cabo sin que Jesús dijera una sola palabra o levantara una mano. El momento en que Él y Pedro "subieron en la barca" con los otros discípulos, "se calmó el viento". Sucedió como si el viento estuviera simplemente esperando que el milagro finalizara; y, una vez cumplido su propósito, se calmó.

De manera instantánea, la barca llegó "en seguida a la tierra adonde iban" (Jn. 6:21). Habían estado a cuatro o seis kilómetros de la costa y la tormenta aún rugía con mayor fuerza que nunca, pero en un instante se calmó y la barca llegó a su destino. Con base en la experiencia humana normal, es comprensible que los discípulos se asombraran "en gran manera" (Mr. 6:51). No obstante, durante dos años habían experimentado asombrosas demostraciones del poder milagroso de Jesús, y para ellos estos extraordinarios acontecimientos no deberían haber sido asombrosos. Por Marcos nos enteramos que el asombro que tuvieron resultó "porque aún no habían entendido lo de los panes", o de la calma que Jesús hiciera anteriormente de la tormenta, o de cualquier otra obra grandiosa que Él había hecho, "por cuanto estaban endurecidos sus corazones" (Mr. 6:52).

Sin embargo, en ese momento, esos mismos corazones se habían ablandado y esos ojos se habían abierto como nunca antes, y "entonces los que estaban en la barca vinieron y le adoraron, diciendo: Verdaderamente eres Hijo de Dios". Ahora estaban más que simplemente asombrados, tal como la multitud y ellos mismos siempre habían estado. Fueron conducidos del asombro pasado a la adoración, que es lo que las señales y los milagros de Jesús desean producir. Por fin estaban comenzando a ver a Jesús como Aquel a quien Dios exaltara en gran manera y como a quien puso el Nombre que es por sobre todo nombre, y ante cuyo Nombre debe doblarse "toda rodilla de los que están en los cielos, y en la tierra, y debajo de la tierra; y toda lengua confiese que Jesucristo es el Señor, para gloria de Dios Padre" (Fil. 2:9-11).

TERCERA PARTE

───⦿───

LAS
AFIRMACIONES
DIVINAS DE
CRISTO

Capítulo 7

---c◦◦◦---

HIJO DEL HOMBRE
E HIJO DE DIOS

MATEO 16:13-17

Viniendo Jesús a la región de Cesarea de Filipo, preguntó a
sus discípulos, diciendo: ¿Quién dicen los hombres que es
el Hijo del Hombre? Ellos dijeron: Unos, Juan el Bautista;
otros, Elías; y otros, Jeremías, o alguno de los profetas. Él
les dijo: Y vosotros, ¿quién decís que soy yo? Respondiendo
Simón Pedro, dijo: Tú eres el Cristo, el Hijo del Dios viviente.
Entonces le respondió Jesús: Bienaventurado eres, Simón, hijo
de Jonás, porque no te lo reveló carne ni sangre, sino mi Padre
que está en los cielos. (Mt. 16:13-17)

Este pasaje representa el momento decisivo del ministerio de
enseñanza de Jesús. Resultó ser, en realidad, el examen final
de una sola pregunta para los apóstoles, la pregunta fundamental
que todo ser humano debe enfrentar: ¿Quién es Jesucristo? La
respuesta que cada individuo ofrezca tiene importancia más que
monumental, porque de ella depende su destino eterno. Es una
pregunta a la que nadie puede escapar ni es posible evitar. Toda
alma, por así decirlo, estará contra la pared de la eternidad y se
verá obligada a contestar esa pregunta.

Desde hacía dos años y medio, Jesús había estado moviéndose
hacia este momento: enseñando y volviendo a enseñar, afirmando

y volviendo a afirmar, demostrando y volviendo a demostrar, construyendo y volviendo a construir la verdad de quién era Él. De esta forma, establecería por completo y con seguridad dicha realidad en las mentes y los corazones de los doce. Durante los últimos meses el Señor había evitado en gran manera a las multitudes y a los dirigentes judíos. Sus pocos encuentros con ellos eran cortos y ásperos. Los gentíos equivocados querían convertirlo en su libertador político de la esclavitud militar de Roma y de las ambiciones caprichosas de Herodes. En su mayor parte, los escribas, fariseos y saduceos estaban totalmente convencidos de que Jesús era una amenaza para su sistema religioso, y estaban determinados a deshacerse de Él, quitándole la vida de ser necesario.

A medida que pasaba más y más tiempo con los doce, Jesús iba más a menudo a territorio gentil y permanecía allí más tiempo. Se retiró a los límites de Palestina con el fin de estar libre de la adulación equivocada e inconstante de las multitudes, y de la creciente hostilidad de los dirigentes religiosos judíos.

EL ESCENARIO

Viniendo Jesús a la región de Cesarea de Filipo, (Mt. 16:13a)

La ciudad de "Cesarea de Filipo" se llamó originalmente Paneas (o Panias) en honor al dios griego Pan, quien según la mitología pagana nació en una cueva cercana. César Augusto había otorgado la "región" a Herodes el Grande, quien construyó en Paneas un templo en honor al emperador. El hijo de Herodes, Felipe el tetrarca, heredó la tierra, engrandeció la ciudad en gran manera, y le cambió el nombre en honor al César. Le añadió el nombre "Filipo" tanto con el fin de obtener honra para sí como para distinguir a esta "Cesarea" de la costa mediterránea al oeste de Jerusalén.

"Cesarea de Filipo" estaba ubicada como a cuarenta kilómetros al noreste del lago de Galilea y a sesenta y cinco kilómetros al suroeste de Damasco, en una hermosa meseta cerca del nacimiento del río Jordán. A pocos kilómetros al norte se levantaba el monte Hermón cubierto de nieve a una altura de más de tres mil metros sobre el nivel del mar. En días claros, la majestuosa montaña podía verse fácilmente desde las ciudades del norte de Galilea tales como Capernaum, Caná y Nazaret.

Cesarea de Filipo solo estaba a pocos kilómetros de la antigua ciudad judía de Dan, que durante siglos se la había considerado como el límite más septentrional de la tierra prometida, siendo Beerseba la más meridional (véase Jue. 20:1; 1 Cr. 21:2). En el norte era el último reducto de Israel, y siempre había sido especialmente susceptible a la influencia pagana.

La ubicación les ofreció a Jesús y los discípulos un gran alivio de las calurosas tierras bajas de Galilea, de la presión de los dirigentes judíos, y de la amenaza de Herodes Antipas.

Por Lucas 9:18 sabemos que Jesús planteó su importante pregunta a los discípulos poco después de pasar tiempo a solas en oración, y Marcos 8:27 informa que el grupo aún no había llegado a la propia ciudad de Cesarea de Filipo, sino que estaba atravesando algunas de las aldeas de los alrededores. En esta encrucijada de paganismo y judaísmo, Jesús dejó un tiempo de comunión íntima con su Padre celestial y enfrentó a sus discípulos con la pregunta que toda persona y toda religión deberá contestar un día.

EL EXAMEN

preguntó a sus discípulos, diciendo: ¿Quién dicen los hombres que es el Hijo del Hombre? Ellos dijeron: Unos, Juan el Bautista; otros, Elías; y otros, Jeremías, o alguno de los profetas. Él les dijo: Y vosotros, ¿quién decís que soy yo? (Mt. 16:13*b*-15)

"Hijo del Hombre" era la designación más común que Jesús hacía de sí mismo, y se utiliza para referirse a Él cerca de ochenta veces en el Nuevo Testamento. Los judíos la reconocían claramente como un título del Mesías (véase Dn. 7:13), pero ya que resaltaba la humanidad del Mesías, muchos judíos preferían no usarlo. Sin duda fue por eso que Jesús *prefirió* utilizarlo, para enfocarse en la humillación y la sumisión de su primera venida, y en su obra de expiación sacrificial y sustitutiva.

El ministerio prioritario de Jesús fue revelarse a sí mismo, enseñar y demostrar quién era. Por tanto, "preguntó a sus discípulos, diciendo: ¿Quién dicen los hombres que es el Hijo del Hombre?". Los hombres a quienes el Señor se refirió eran los judíos, el pueblo escogido de Dios, al cual el Mesías fue enviado primero (Ro. 1:16; cp. Jn. 4:22).

No es que Jesús no estuviera al tanto de lo que los hombres decían acerca de Él, sino que deseaba que los doce reflexionaran cuidadosamente en esas percepciones populares. Al Señor no le preocupaban las opiniones de los incrédulos e hipócritas escribas y fariseos, algunos de los cuales incluso lo habían acusado de estar aliado con Satanás (Mt. 10:25; 12:24). Más bien les preguntó respecto a aquellos que pensaban positivamente de Él, aunque con incertidumbre, y que reconocían que Él era más que un líder religioso común. Después de oír la enseñanza y de presenciar los milagros de Jesús, ¿cuál era el veredicto final que tenían acerca del Hijo del Hombre?

Los doce "dijeron: Unos, Juan el Bautista". Tal vez, después de la evaluación atemorizada de Herodes el tetrarca (Mt. 14:1-2), algunos de los judíos creían que Jesús era una reencarnación de Juan el Bautista, que había regresado de la tumba para continuar su ministerio de anunciar al Mesías. Al igual que Herodes, tales personas reconocían que el poder milagroso de Jesús era inexplicable desde un punto de vista humano.

"Otros" creían que Jesús era un reencarnado "Elías", a quien la mayoría de judíos consideraba el profeta supremo del Antiguo Testamento, y que el Señor iba a enviar otra vez "antes que venga el día de Jehová, grande y terrible" (Mal. 4:5). En modernas celebraciones judías de Pascua suele reservarse en la mesa una silla vacía para Elías, con la esperanza de su regreso un día para anunciar la llegada del Mesías.

"Y otros" decían que Jesús era "Jeremías", otro de los profetas más reverenciados. En el libro apócrifo de 2 Macabeos (2:4-8) se dice que Jeremías sacó del templo el arca del pacto y el altar del incienso y los escondió en el monte Nebo a fin de preservarlos de la profanación y la destrucción por parte de los babilonios. Algunos judíos creían que antes de que el Mesías regresara para establecer su reino, Jeremías volvería a la tierra y restauraría el arca y el altar a sus lugares apropiados en el templo. El mismo libro apócrifo representa a un Jeremías de cabellos blancos entregando una espada de oro al gran héroe judío Judas Macabeo, con el fin de que la usara para derrotar a los griegos (15:12-16).

Algunos de los judíos quizás veían en Jesús algo del carácter y del mensaje de Juan el Bautista; otros veían el fuego y la intensidad de Elías, y otros más veían en Jesús el lamento y el dolor de Jeremías. Sin embargo, en todas esas tres identidades se creía que Jesús era tan solo el anunciador del Mesías, quien había vuelto a vivir con poderes milagrosos dados por Dios.

El resto de personas que reconocían la singularidad de Jesús no especulaban acerca de la identidad particular del Señor, sino que simplemente consideraban que era "alguno de los profetas" que había resucitado (véase Lc. 9:19).

En cada caso, las personas consideraron que Jesús era un precursor del Mesías, pero no el Mesías mismo. No podían negar el poder sobrenatural que tenía, pero no lo aceptarían como Mesías y Salvador. Se acercaron tanto a la verdad definitiva de Dios como pudieron, sin reconocerla y aceptarla por completo.

Desde la época de Jesús, gran parte del mundo ha querido de igual manera hablar bien de Él sin reconocer su deidad y su señorío. Pilato declaró: "Ningún delito hallo en este hombre" (Lc. 23:4). Napoleón manifestó: "Conozco a los hombres, y Jesús no fue un simple hombre". Diderot se refirió a Jesús como "el insuperable"; Strauss, el racionalista alemán, como "el más elevado modelo de religión"; John Stuart Mill como "la guía de la humanidad"; el ateo francés Renan como "el más grande entre los hijos de los hombres"; Theodore Parker como "un joven con Dios en su corazón"; y Robert Owens como "el irreprochable". Algunos en nuestros propios días lo han llamado la última superestrella. Pero todos esos títulos y esas descripciones no logran identificar a Jesús como lo que plenamente es: el Mesías, Dios en carne humana.

Después que los discípulos informaron lo que las multitudes estaban diciendo acerca de Él, Jesús les preguntó: "Y vosotros, ¿quién decís que soy yo?". Los doce sabían que las opiniones que casi todas las personas tenían de Jesús eran inadecuadas. Ahora tenían que contestar por sí mismos.

LA CONFESIÓN

Respondiendo Simón Pedro, dijo: Tú eres el Cristo, el Hijo del Dios viviente. (Mt. 16:16)

Como de costumbre (véase, p. ej. Mt. 15:15; 19:27; Jn. 6:68), "Simón Pedro" fue el portavoz, "el director del coro apostólico", como lo llamara Crisóstomo. También, como era habitual, los comentarios del apóstol fueron breves, enfáticos y decisivos: "Tú eres el Cristo, el Hijo del Dios viviente". *Cristo* es el equivalente griego del hebreo *Mesías*, el profetizado y muy esperado libertador de Israel, el supremo "Ungido", el venidero Sumo Sacerdote, Rey, Profeta y Salvador. Sin titubear, Pedro declaró que Jesús es el Mesías, mientras que las multitudes de judíos creían que Él solo era el precursor del Mesías.

En su primer encuentro con Jesús, Andrés había declarado con emoción que se trataba del Mesías, y Natanael lo había llamado "el Hijo de Dios... el Rey de Israel" (Jn. 1:49). Los discípulos sabían que Juan el Bautista había dado testimonio de que Jesús "es el Hijo de Dios" (Jn. 1:34) y, mientras más permanecían con Él, más evidencia tenían de su naturaleza, poder y autoridad divinos.

No obstante, al igual que sus compatriotas judíos, a los discípulos les habían enseñado a esperar un Mesías victorioso y reinante que liberaría de sus enemigos al pueblo de Dios, y que establecería para siempre su reino justo en la tierra. Y cuando Jesús se negó a usar su poder milagroso para su propio beneficio o para oponerse a los opresores romanos, los discípulos se preguntaron si estaban en lo correcto con relación a la identidad de Jesús. La humildad, la mansedumbre y la sumisión del Señor estaban en total contraste con los puntos preconcebidos de vista que tenían del Mesías. Que el Mesías sería ridiculizado impunemente, por no mencionar que sería perseguido y ejecutado, era algo inconcebible. Cuando Jesús habló de su partida y regreso, sin duda alguna Tomás hizo suya la consternación de todos los discípulos mientras expresaba: "Señor, no sabemos a dónde vas; ¿cómo, pues, podemos saber el camino?" (Jn. 14:5).

Un desconcierto similar fue el que ocasionó Juan el Bautista al cuestionar su anterior afirmación de la condición mesiánica de Jesús. "Al oír Juan, en la cárcel, los hechos de Cristo, le envió dos de sus discípulos, para preguntarle: ¿Eres tú aquel que había de venir, o esperaremos a otro?" (Mt. 11:2-3). Los milagros de Jesús constituían evidencia clara de su condición mesiánica, pero el hecho de que no usara esos poderes para derrotar a Roma y establecer su reino terrenal hizo que la identidad del Señor fuera cuestionada incluso por Juan, el precursor piadoso y lleno del Espíritu.

Al igual que Juan el Bautista, los doce fluctuaron entre momentos de gran fe y serias dudas. Pudieron proclamar con profunda convicción: "¿A quién iremos? Tú tienes palabras de vida eterna. Y nosotros hemos creído y conocemos que tú eres el Cristo, el Hijo del Dios viviente" (Jn. 6:68-69). Ellos también pudieron exhibir extraordinaria falta de fe y discernimiento, incluso después de presenciar cientos de sanidades y demostraciones dramáticas de poder sobrenatural (véase Mt. 8:26; 14:31; 16:8). En ocasiones eran fuertes en la fe y a veces débiles. Con frecuencia, Jesús habló de la "poca fe" de los discípulos.

Ahora, por fin, la verdad respecto a la identidad y la condición mesiánica de Jesús se estableció en las mentes de sus discípulos más allá de toda duda. Aún experimentarían momentos de debilidad y confusión acerca de lo que Jesús decía y hacía, pero ya no iban a dudar más en cuanto a quién era Aquel que decía y hacía esas cosas. Él realmente era el Cristo, el Hijo del Dios viviente. El propio Espíritu de Dios había incrustado de forma indeleble la verdad en sus corazones.

Les llevó dos años y medio llegar a este punto de confesión, a través de las luchas y el odio de los dirigentes religiosos judíos, de la creciente inconstancia y el rechazo de las personas, y de su propia confusión en cuanto a lo que el Mesías había venido a hacer. Pero, sin duda, ahora sabían que Él era quien les cumpliría sus esperanzas, la fuente de su salvación, el anhelo de las naciones.

En nombre de todos los apóstoles, Pedro no solo confesó a Jesús como el Mesías, el Cristo, sino también como el Hijo del Dios viviente. El Hijo del Hombre (v. 13) también era el Hijo de Dios, el Creador del universo y de todo lo que hay en este. Se trataba del Dios verdadero y real, no de una ficción mitológica como el dios Pan o una "deidad" mortal como el César, de los que había altares en Cesarea de Filipo. El Señor de los discípulos era el Hijo del Dios viviente.

Según lo demuestran muchas cosas que los doce dijeron e hicieron más tarde, en este momento no tenían una comprensión plena de la Trinidad, o ni siquiera de la plena naturaleza y la obra de Cristo. Pero sabían que Jesús era realmente el Cristo y que era verdaderamente divino, el Hijo del Dios viviente. "Hijo" refleja la idea de unidad en esencia, porque un hijo es uno en naturaleza con su padre. Así que Jesucristo era uno en naturaleza con Dios el Padre (cp. Jn. 5:17-18; 10:30-33).

El resultado

Entonces le respondió Jesús: Bienaventurado eres, Simón, hijo de Jonás, (Mt. 16:17a)

Aquel que confiesa realmente que Jesús es Dios, que equivale a confesarlo como Señor y Salvador (1 Jn. 4:14-15), es divina y eternamente bienaventurado. Los cristianos son benditos "con toda bendición espiritual en los lugares celestiales en Cristo", escogidos "en él antes de la fundación del mundo, para [ser] santos y sin mancha delante de él", y "en amor [son predestinados] para ser adoptados hijos suyos por medio de Jesucristo" (Ef. 1:3-5). Dios vierte todos sus recursos sobrenaturales en aquellos que vienen a Él a través de la fe en su Hijo, porque por medio de Él se convierten en los propios hijos de Dios.

Como para resaltar la insuficiencia humana de Pedro, Jesús lo llamó por su nombre familiar original: Simón, hijo de Jonás. Jonás también puede traducirse Juan (NTV).

La fuente

porque no te lo reveló carne ni sangre, sino mi Padre que está en los cielos. (Mt. 16:17b)

Los discípulos no se convencieron finalmente de la condición mesiánica y la divinidad de Jesús debido a las enseñanzas que recibieron o a los milagros que presenciaron, por asombrosos que fueran. Estas cosas por sí solas no eran suficientes para convencer a los doce, así como no fueron suficientes para convencer a otros miles de individuos que oyeron la misma verdad y presenciaron los mismos milagros, pero que no aceptaron ni siguieron a quien la enseñó y los realizó. Las capacidades humanas, representadas aquí por "carne y sangre", no pueden producir comprensión de las cosas de Dios (cp. 1 Co. 2:14). El Padre mismo debe revelarlas y traer entendimiento de su Hijo a las mentes humanas.

Por los relatos del Evangelio parece claro que el Padre da a conocer al Hijo principalmente a través del mismo Hijo. No existe registro o insinuación alguna de revelación divina dada a los doce durante el ministerio terrenal de Jesús, aparte de la ofrecida a través del mismo Jesús. A medida que la luz de la enseñanza de Jesús y la importancia de su poder milagroso comenzaban a iluminarlos, el Espíritu les abría las mentes para que lo vieran como el Mesías, el Hijo del Dios viviente.

Jesús había hecho muchas declaraciones asombrosas acerca de sí mismo. Declaró que había venido para cumplir la ley y los profetas (Mt. 5:17), y que en los últimos días muchas personas se dirigirán a Él como Señor (7:22). Jesús expresó: "Yo soy el pan vivo que descendió del cielo; si alguno comiere de este pan, vivirá para siempre" (Jn. 6:51), y: "Yo soy la puerta; el que por mí entrare, será salvo" (10:9; cp. 14:6).

Jesús también había realizado milagros sorprendentes. Había convertido agua común y corriente en vino de la más alta calidad (Jn. 2:6-11), había curado de todo tipo de enfermedades a miles de personas (véase, p. ej. Mt. 4:24; 8:16; 9:35), e incluso había calmado una fuerte tormenta con una orden (Mt. 8:26).

Sin embargo, tal vez el mayor testimonio de la condición mesiánica de Jesús fue su afirmación de ser el Señor del día de reposo (Mt. 12:8), declaración que para un judío de su época solo podía interpretarse como presunción de deidad. El día de reposo, o

Sabbath, que tiene el significado básico de "descanso" o "cesación", era el centro de la vida judía. No solamente su semana sino todo su calendario de fiestas y días sagrados se habían desarrollado en el concepto del día de reposo. El séptimo día de la semana (Éx. 20:11) y todas las demás observancias del día de reposo eran un tiempo de descanso y adoración. El libro de Levítico menciona nueve festivales basados en el día de reposo, los cuales incluían el día semanal de reposo (Lv. 23:3), la Pascua (vv. 4-8), la fiesta de los primeros frutos (vv. 9-14), Pentecostés (vv. 15-22), la fiesta de las trompetas (vv. 23-25), el día de expiación o Yom Kippur (vv. 26-32), la fiesta de los tabernáculos (vv. 33-44), el año sabático (25:2-7), y el año de jubileo (vv. 8-55) en que cada cincuenta años debían liberar a todos los esclavos y en que la tierra debía restaurarse a sus propietarios originales.

Todas esas observancias del día de reposo eran símbolos del descanso definitivo y eterno de los hijos de Dios, el tiempo en que el Mesías vendría a la tierra para liberar a su pueblo y establecer su reino divino. Cada vez que un judío celebraba un día de reposo estaba recordando que algún día él y todos sus compatriotas judíos serían liberados de toda esclavitud, ya fuera esclavitud de opresión política, esclavitud de sacrificios continuos, o esclavitud del trabajo para ganarse la vida. Todo el sistema del día de reposo señalaba hacia el descanso verdadero, perfecto y eterno que el Mesías traería a su pueblo.

Que Jesús afirmara haber cumplido la profecía de Isaías 61:1-2, como hizo en la sinagoga en Nazaret (Lc. 4:18-21), fue sin duda alguna proclamar su condición mesiánica. Presentarse Él mismo como el origen del descanso (Mt. 11:28) fue presentarse como la fuente de la santidad, y declarar señorío sobre el día de reposo (Mt. 12:8) fue afirmar señorío sobre todo.

Puesto que Jesús mismo es el perfecto descanso del día de reposo de Dios y la fuente de la verdadera santidad, los creyentes no tienen más motivo para observar el séptimo día de la semana o cualquier otro día especial. "Pero los que hemos creído entramos en el reposo, de la manera que dijo... Por tanto, queda un reposo para el pueblo de Dios. Porque el que ha entrado en su reposo, también ha reposado de sus obras, como Dios de las suyas" (He. 4:3, 9-10). Pablo escribió: "Por tanto, nadie os juzgue en comida o en bebida, o en cuanto a días de fiesta, luna nueva o días de reposo, todo lo cual es sombra de lo que ha de venir; pero el cuerpo es de Cristo" (Col. 2:16-17).

El mandato de guardar el día de reposo es el único de los Diez Mandamientos que el Nuevo Testamento no requiere que los cristianos cumplan. Por su gracia, Jesucristo da a todo creyente en Él una celebración de libertad perfecta, definitiva y eterna. Por tanto, un cristiano ya no viola el día de reposo cuando trabaja en el día del Señor sino cuando persiste en las obras de justicia propia con la esperanza de añadir a lo que el Salvador ya ha logrado.

En una ocasión anterior, Jesús había explicado: "Todas las cosas me fueron entregadas por mi Padre; y nadie conoce al Hijo, sino el Padre, ni al Padre conoce alguno, sino el Hijo, y aquel a quien el Hijo lo quiera revelar" (Mt. 11:27).

Al igual que los discípulos, cuando hoy día las personas confiesan a Jesucristo como Señor y Salvador, y tienen comunión con Él por medio de su Palabra, el Espíritu les abre las mentes y los corazones a más y más de su verdad y poder. Pablo declaró: "La fe es por el oír, y el oír, por la palabra de Dios" (Ro. 10:17). A medida que seguimos mirando dentro de la gloria de Dios somos transformados a su imagen (véase Ro. 8:29; 1 Co. 15:49; Col. 3:10).

—❧❧—

Capítulo 8

IGUAL A DIOS

JUAN 5:17-24

Y Jesús les respondió: Mi Padre hasta ahora trabaja, y yo trabajo. Por esto los judíos aún más procuraban matarle, porque no solo quebrantaba el día de reposo, sino que también decía que Dios era su propio Padre, haciéndose igual a Dios. Respondió entonces Jesús, y les dijo: De cierto, de cierto os digo: No puede el Hijo hacer nada por sí mismo, sino lo que ve hacer al Padre; porque todo lo que el Padre hace, también lo hace el Hijo igualmente. Porque el Padre ama al Hijo, y le muestra todas las cosas que él hace; y mayores obras que estas le mostrará, de modo que vosotros os maravilléis. Porque como el Padre levanta a los muertos, y les da vida, así también el Hijo a los que quiere da vida. Porque el Padre a nadie juzga, sino que todo el juicio dio al Hijo, para que todos honren al Hijo como honran al Padre. El que no honra al Hijo, no honra al Padre que le envió. De cierto, de cierto os digo: El que oye mi palabra, y cree al que me envió, tiene vida eterna; y no vendrá a condenación, mas ha pasado de muerte a vida. (Jn. 5:17-24)

A lo largo de los siglos, los eruditos y escépticos han respondido de modo diferente a la pregunta "¿Quién es Jesús?". Su vida es la más influyente de todas las que han existido y su efecto continúa en escalada. Aun así, la verdadera identidad de Jesús sigue debatiéndose acaloradamente entre teólogos e historiadores modernos. Los intentos de los incrédulos para explicar la verdad sobre Él han producido opiniones incontables.

LA IDENTIDAD DE JESÚS

Los líderes judíos de los tiempos de Jesús, motivados por su celo amargo, lo acusaron de ser samaritano (8:48), estar poseído por el demonio (7:20; 8:52), de loco (10:20) y de ser hijo ilegítimo (8:41). Aunque no podían negar el poder asombroso de Jesús, daban por descontado su origen satánico (Mt. 12:24). Sus sucesores también vilipendiaron al Señor como "transgresor de Israel, practicante de magia, quien trataba con desdén las palabras de los sabios [y] extraviaba a las personas".[1]

Las conclusiones de liberales teológicos y existencialistas

Los escépticos y liberales teológicos de los siglos XVIII y XIX tenían la intención de negar la deidad de Cristo. Veían en Él al maestro humano de la moral por excelencia en quien brillaba con más intensidad el destello de divinidad inherente a todas las personas. Para ellos, la vida sacrificial de Jesús servía de modelo para que todos los humanos lo siguieran, pero de ningún modo para que los humanos pudieran salvarse. Así, Él era "un ejemplo de fe, no el objeto de la fe".[2]

Para los existencialistas del siglo XX, como el muy influyente Rudolf Bultmann, el Jesús de la historia sí podía conocerse. Sin embargo, eso no le preocupaba a Bultmann, pues él creía que el "Cristo de la fe", inventado por la Iglesia, podía servir de base para la experiencia religiosa genuina. Los teólogos neo-ortodoxos, como Karl Barth, no estaban dispuestos a ignorar por completo el

---

1. F. F. Bruce, *New Testament History* (Garden City: Anchor, 1972), p. 165.
2. J. Gresham Machen, *Christianity and Liberalism* (reimpresión; Grand Rapids: Eerdmans, 1974), p. 85.

significado real de la vida o deidad de Jesús. Aun así, no estaban dispuestos a aceptar y creer en el testimonio bíblico sobre Cristo en un sentido verdaderamente histórico.

Otras concepciones de Jesús están en un rango que abarca desde el revolucionario político-social de la teología de la liberación, pasando por el sabio cínico judío del seminario de Jesús, hasta el héroe contra-cultural de musicales de *rock* como *Godspell* y *Jesucristo Superstar*. Pero todos estos puntos de vista superficiales y blasfemos están lejos del Dios-hombre que se revela en las Santas Escrituras. Esas concepciones dicen más sobre la incredulidad obstinada y la imaginación pervertida de las personas que las crearon que sobre la identidad de Jesús.

El testimonio de Jesús

Irónicamente, en todo el debate sobre Jesús, rara vez se considera su propio testimonio razonablemente. ¿Afirmó siempre ser Dios en carne humana, como lo ha dicho siempre el cristianismo histórico, o sus seguidores inventaron después esas afirmaciones y se las atribuyeron, como argumentan los escépticos? Toda esa pseudoerudición incrédula ignora el relato bíblico de su vida y ministerio, donde no queda duda legítima sobre quién declaró ser Jesús y sobre quién era.

Jesús habló con frecuencia de su origen único y extraterrenal, de haber preexistido en el cielo antes de venir al mundo. A los judíos hostiles les dijo: "Vosotros sois de abajo, yo soy de arriba; vosotros sois de este mundo, yo no soy de este mundo" (8:23). Les preguntó: "¿Pues qué, si viereis al Hijo del Hombre subir adonde estaba primero?" (6:62). En su oración sacerdotal habló de la gloria que tenía con el Padre antes de la existencia del mundo (17:5). En Juan 16:28 dijo a sus discípulos: "Salí del Padre, y he venido al mundo; otra vez dejo el mundo, y voy al Padre".

Jesús asumió las prerrogativas de la deidad. Afirmó tener

control sobre los destinos eternos de las personas (8:24; cp. Lc. 12:8-9; Jn. 5:22, 27-29); autoridad sobre la institución del día de reposo, cuyo orden es divino (Mt. 12:8; Mr. 2:28; Lc. 6:5); poder para responder las oraciones (Jn. 14:13-14; cp. Hch. 7:59; 9:10-17). Además, declaró su derecho a recibir la adoración, fe y obediencia que solo le corresponde a Dios (Mt. 21:16; Jn. 14:1; cp. Jn. 5:23). También asumió el derecho de perdonar los pecados (Mr. 2:5-11), algo que solo Dios podía hacer, como lo entendieron correctamente sus oponentes anonadados (v. 7).

Además, Jesús llamó a los ángeles de Dios (Gn. 28:12; Lc. 12:8-9; 15:10; Jn. 1:51) sus ángeles (Mt. 13:41; 24:30-31), a los elegidos de Dios (Lc. 18:7; Ro. 8:33) sus elegidos (Mt. 24:30-31) ,y al reino de Dios (Mt. 12:28; 19:24; 21:31; Mr. 1:15; Lc. 4:43; Jn. 3:3) su reino (Mt. 13:41; 16:28; cp. Lc. 1:33; 2 Ti. 4:1).[3]

Cuando la mujer samaritana le dijo: "Sé que ha de venir el Mesías, llamado el Cristo; cuando él venga nos declarará todas las cosas" (4:25), Jesús le respondió: "Yo soy, el que habla contigo" (4:26). En su oración sacerdotal al Padre se refirió a sí mismo como "Jesucristo, a quien has enviado" (17:3); "Cristo" es el equivalente griego de la voz hebrea que se traduce "Mesías". Cuando el sumo sacerdote le preguntó en su juicio si era el Cristo, el Hijo del Bendito (Mr. 14:61), Jesús simplemente le respondió: "Yo soy" (v. 62).

También aceptó sin correcciones o precisiones los testimonios de Pedro (Mt. 16:16-17), Marta (Jn. 11:27) y otros (p. ej., Mt. 9:27; 20:30-31) que Él era el Mesías.

Se llamó a sí mismo "Hijo del Hombre" e "Hijo de Dios"

La descripción favorita del Señor era "Hijo del Hombre" (cp.

---

3. Jesús se refirió al reino como el reino de Dios en Mateo 12:28; 19:24; 21:31; Marcos 1:15; Lucas 4:43; y Juan 3:3. Él identificó el reino de Dios como su reino en Mateo 13:41; 16:28; cp. Lucas 1:33; 2 Timoteo 4:1.

Mt. 8:20; Mr. 2:28; Lc. 6:22; Jn. 9:35-37, etc.). Aunque el título parece enfatizar su humanidad, también habla de su deidad. El uso del término por parte de Jesús se deriva de Daniel 7:13-14, donde el Hijo del Hombre aparece de igual a igual con Dios Padre, el Anciano de días.

Los judíos se veían a sí mismos colectivamente como hijos de Dios por creación. Sin embargo, Jesús afirmó ser el Hijo de Dios por naturaleza. Dijo: "Todas las cosas me fueron entregadas por mi Padre; y nadie conoce al Hijo, sino el Padre, ni al Padre conoce alguno, sino el Hijo, y aquel a quien el Hijo lo quiera revelar" (Mt. 11:27). En Juan 5:25-26 dijo: "De cierto, de cierto os digo: Viene la hora, y ahora es, cuando los muertos oirán la voz del Hijo de Dios; y los que la oyeren vivirán. Porque como el Padre tiene vida en sí mismo, así también ha dado al Hijo el tener vida en sí mismo".

Después de oír que Lázaro estaba enfermo, dijo a sus discípulos: "Esta enfermedad no es para muerte, sino para la gloria de Dios, para que el Hijo de Dios sea glorificado por ella" (11:4).

Cuando en su juicio le preguntaron si era el Hijo de Dios, Jesús respondió: "Vosotros decís que lo soy" (Lc. 22:70; cp. Mr. 14:61-62). En lugar de rechazar el título, el Señor lo aceptó sin apología o vergüenza (Mt. 4:3, 6; 8:29; Mr. 3:11-12; Lc. 4:41; Jn. 1:49-50; 11:27).

Las autoridades hostiles judías entendían claramente que el uso del título "Hijo de Dios" era una afirmación de deidad. De otra forma, no lo habrían acusado de blasfemia (cp. 10:36). De hecho, fue esta blasfemia la que llevó a los judíos a exigir su muerte: "Los judíos le respondieron [a Pilato]: Nosotros tenemos una ley, y según nuestra ley debe morir, porque se hizo a sí mismo Hijo de Dios" (19:7). Incluso cuando estaba en la cruz, algunos se burlaron de Él y dijeron despectivamente: "Confió en Dios; líbrele ahora si le quiere; porque ha dicho: Soy Hijo de Dios" (Mt. 27:43).

Jesús airó aún más a los judíos incrédulos asumiendo para sí el nombre de Dios en el pacto: "Yo soy" (Yahveh). (Para un estudio más completo del significado de "Yo soy" y su uso en el Evangelio de Juan, vea el capítulo 10). El nombre era tan sagrado que los judíos ni siquiera lo pronunciaban para evitar usarlo en vano y sufrir el juicio (cp. Éx. 20:7). En Juan 8:24, Jesús advirtió que quienes se niegan a creer que Él es Jehová perecerán eternamente: "Por eso os dije que moriréis en vuestros pecados; porque si no creéis que yo soy, en vuestros pecados moriréis". Más adelante, en el mismo capítulo, "Jesús les dijo: De cierto, de cierto os digo: Antes que Abraham fuese, yo soy" (v. 58). A diferencia de quienes hoy niegan la deidad de Jesús, los judíos sabían exactamente lo que Él afirmaba, como lo deja claro el intento de lapidarlo por su blasfemia (v. 59). En Juan 13:19, Jesús les dijo a sus discípulos que, cuando pasara lo que Él había predicho, ellos creerían que Él era Jehová. Aun sus enemigos, al momento de arrestarlo en Getsemaní, estaban abrumados por su poder divino y cayeron al suelo cuando Jesús dijo "Yo soy" (18:5-8).

Todas las líneas de evidencia mencionadas arriba convergen en un punto ineludible: Jesucristo afirmó igualdad absoluta con Dios. Por eso Él podía decir: "Yo y el Padre uno somos" (10:30); "el que me ve, ve al que me envió" (12:45); y "el que me ha visto a mí, ha visto al Padre" (14:9-10).

Quienes nieguen que Jesús afirmó ser Dios deben negar la precisión y veracidad histórica de los registros en los evangelios, erigiéndose así como fuentes superiores de la verdad. Ellos dicen saber más sobre lo que era cierto hace dos mil años que los testigos oculares inspirados. Sin embargo, tal forma de escepticismo está injustificada, pues el Nuevo Testamento es con mucho el documento mejor certificado del mundo antiguo.[4] Los escépticos también se ven obligados a explicar por qué, en caso de que Jesús no

---

4. Compare F. F. Bruce, *The New Testament Documents: Are They Reliable?* (Downers Grove: InterVarsity, 1973).

la hubiera afirmado, sus seguidores, monoteístas y judíos, habrían aceptado su deidad desde el comienzo de la historia de la iglesia, William Lane Craig dice:

> En los veinte años que siguieron a la crucifixión ya existía una cristología completamente desarrollada que proclamaba a Jesús como el Dios encarnado. ¿Cómo se explica que los judíos monoteístas adoraran a uno de sus compatriotas como Dios si no es porque Jesús así lo había afirmado?... Si Jesús nunca hizo tales aseveraciones, esta creencia de los primeros cristianos no tiene explicación.[5]

Esta sección que afirma la deidad de nuestro Señor fluye directamente de la confrontación surgida cuando Jesús sanó al paralítico en un día de reposo (Jn. 5:1-16, véase cap. 5). El Señor no violó la enseñanza del Antiguo Testamento sobre el sábado, sino las adiciones rabínicas a esa enseñanza. Aun así, no se defendió señalando las diferencias entre la Ley de Dios y las tradiciones humanas extrañas. Más bien, respondió de manera mucho más radical: afirmó ser igual a Dios, luego tenía el derecho a hacer lo que quisiera en el día de reposo. El resultado es uno de los discursos cristológicos más profundos de todas las Escrituras. En los versículos 17-24, Jesús hace cinco afirmaciones inequívocas de completa igualdad con Dios. Es igual al Padre en cuanto a persona, obras, poder soberano, juicio y honor debido.

JESÚS ES IGUAL AL PADRE EN SU PERSONA

Y Jesús les respondió: Mi Padre hasta ahora trabaja, y yo trabajo. Por esto los judíos aún más procuraban matarle, porque no solo quebrantaba el día de reposo, sino que también decía que Dios era su propio Padre, haciéndose igual a Dios. (Jn. 5:17-18)

---

5. William Lane Craig, *Apologetics: An Introduction* (Chicago: Moody, 1984), p. 160.

Como indicamos en el capítulo anterior, la observancia del día de reposo estaba en el centro de la adoración judía en los tiempos de Jesús. La respuesta de Jesús a quienes lo retaron por haberla violado implica que el día de reposo no fue instituido para beneficio de Dios, sino del hombre (Mr. 2:27): "Mi Padre hasta ahora trabaja, y yo trabajo". En otras palabras, la restricción de trabajar en el sábado no era para Dios; no se le exigía a Él descansar cada séptimo día. Cierto es que, al final de la creación, "reposó el día séptimo de toda la obra que hizo" (Gn. 2:2). Sin embargo, no fue porque estuviera cansado o porque recibiera algún beneficio, porque Él "no desfallece, ni se fatiga con cansancio" (Is. 40:28). En lugar de esto, lo hizo para darle al hombre el ejemplo divino de descansar un día por semana (Éx. 20:9-11).[6]

La importancia del séptimo día se subraya en las tres referencias que hace Génesis 2:1-3 sobre el asunto. Según el versículo 3, Dios "santificó" ("separó", "apartó") ese día para diferenciarlo de los primeros seis, que no aparecen con la misma designación. Los tres verbos del pasaje, cada uno asociado con la obra de Dios, revelan por qué apartó solamente el día séptimo.

"Acabados" (v. 1) enfatiza que todo el trabajo del Señor en la creación había terminado al final del sexto día. En contraste con la teoría de la evolución (teísta o atea), la Biblia niega que el proceso de creación continúe hoy.

Dios "reposó" (vv. 2-3) porque había acabado su creación. Como ya dijimos, eso no implica debilidad alguna de su parte (Is. 40:28); el verbo tan solo indica que, en el día séptimo, Dios cesó de trabajar en la creación (cp. Éx. 20:11).

Finalmente, Dios "bendijo" el séptimo día (v. 3); es decir, lo

---

6. Para un estudio sobre la relación del creyente del Nuevo Testamento con el día de reposo del Antiguo Testamento, véase John MacArthur, *Comentario MacArthur del Nuevo Testamento: Colosenses y Filemón* (Grand Rapids, MI: Editorial Portavoz, 2004), pp. 122-23.

separó como memorial. El sábado de todas las semanas sirve para recordar que Dios creó todo el universo en seis días y después descansó de su actividad creadora.

Sin embargo, como los mismos rabinos lo reconocían, el reposo de Dios de su actividad creadora en el sábado (cp. He. 4:9-10) no obvia su obra providencial incesante para sostener el universo (He. 1:3). Cuando Jesús declaró que Él, como su Padre, trabajaba el sábado, estaba afirmando su deidad y su igualdad con Dios, "porque el Hijo del Hombre es Señor del día de reposo" (Mt. 12:8). Sus palabras también servían para reprender al sistema legalista judío, bajo el cual se le acusaba de hacer el bien y mostrar misericordia en el sábado. Después de todo, el mismo Dios hace el bien y muestra misericordia el sábado. Por lo tanto, Jesús sostenía que es correcto hacer el bien en el sábado porque Dios lo hace. Irónicamente, hasta los judíos incrédulos realizaban obras de misericordia en el día de reposo (cp. 7:23; Lc. 14:5), aquello por lo cual reprendían a Jesús con toda hipocresía.

Los judíos hostiles entendieron al instante la importancia de las palabras de Jesús y por ello "aún más procuraban (el tiempo verbal indica una acción continua) matarle" (cp. v. 16). "No solo quebrantaba [Jesús] "el día de reposo, sino que" (aún peor en sus mentes) "también decía que Dios era su propio Padre, haciéndose igual a Dios" (cp. 10:30-33). En contraste con la referencia colectiva de los judíos a Dios como "nuestro Padre", Jesús llamó a Dios su propio Padre. La implicación clara, que sus oponentes entendieron de inmediato, era que estaba afirmando ser completamente igual a Dios en su naturaleza (cp. 1:1; 8:58; 20:28; Fil. 2:6). En respuesta, ellos intensificaron sus esfuerzos por quitarle la vida (cp. 7:1, 19, 25; 8:37, 40, 59; 11:53), no solo porque Él expuso sus legalismos, sino porque ya tenían la justificación (en sus mentes), pues Jesús afirmó ser Dios.

JESÚS ES IGUAL A DIOS EN SUS OBRAS

Respondió entonces Jesús, y les dijo: De cierto, de cierto os digo: No puede el Hijo hacer nada por sí mismo, sino lo que ve hacer al Padre; porque todo lo que el Padre hace, también lo hace el Hijo igualmente. Porque el Padre ama al Hijo, y le muestra todas las cosas que él hace; y mayores obras que estas le mostrará, de modo que vosotros os maravilléis. (Jn. 5:19-20)

Que un simple hombre afirmara ser Dios era un acto de blasfemia escandaloso para los judíos. Por lo tanto, si lo habían malinterpretado, con toda seguridad Jesús habría negado de inmediato y con vehemencia haber dicho lo que dijo (cp. Hch. 14:11-15; Ap. 19:10; 22:8-9). Pero, en lugar de eso, su declaración fue más enfática y fuerte; introdujo su siguiente declaración con la afirmación solemne "De cierto, de cierto os digo". El Señor les aseguró a sus oyentes en los términos más fuertes posibles que era cierto lo que les había dicho. Defendió aún más su acto de sanidad en el día de reposo, ligando sus actividades directamente con las del Padre. Jesús declaró: "No puede el Hijo hacer nada por sí mismo, sino lo que ve hacer al Padre". Siempre actuaba en armonía perfecta y subordinación a la voluntad del Padre. Así, sus obras eran paralelas a las del Padre en naturaleza y alcance, "porque todo lo que el Padre hace, también lo hace el Hijo igualmente". Obviamente, solo alguien que es igual al Padre podría hacer lo que Él hace. La declaración de Cristo, pues, era una afirmación de su propia divinidad.

La armonía perfecta que caracteriza la obra conjunta del Padre y el Hijo nace de la unidad de esencia absoluta de la que ambos participan (cp. 17:21). Como son uno en su ser, un Dios eterno (10:30), ver actuar a Cristo es ver actuar a Dios (Jn. 12:45; 14:9-10). En realidad, cuando los líderes religiosos acusaron a Jesús de malhechor, hicieron aquello de lo cual lo acusaban, impugnando la naturaleza santa de Dios.

En el versículo 20, Jesús describió la unidad del Padre y el Hijo como una unión de amor: "El Padre ama al Hijo [cp. 3:35; 17:26; Mt. 3:17; 17:5; 2 P. 1:17], y le muestra todas las cosas que él hace". El verbo que se traduce "ama" no es *agapao*, el amor de la voluntad y la elección, sino *fileo*, el amor de los sentimientos profundos, el afecto cálido que siente un padre por su hijo. Esta es la única vez que en el Nuevo Testamento se usa esta palabra para referirse al amor del Padre por el Hijo. El tiempo presente del verbo indica un amor conocedor de todo, eternamente ininterrumpido y sin espacio para la ignorancia; por lo cual es imposible que Jesús no hubiera sido consciente de la voluntad de Dios sobre el sábado o cualquier otro asunto.

Luego, Jesús declaró que "el Padre le mostrará mayores obras". Haber sanado al lisiado había producido asombro en las multitudes. Pero, en obediencia al Padre, Jesús predijo que realizaría obras aún más espectaculares que incluían resurrección de muertos (v. 21) y juicio a todas las personas (v. 22). Por eso sus oyentes se maravillaban.

Jesús es igual a Dios en su poder y soberanía

Porque como el Padre levanta a los muertos, y les da vida, así también el Hijo a los que quiere da vida. (Jn. 5:21)

Cuando Jesús afirmó su igualdad con Dios, afirmó también que tenía poder paralelo con Él para levantar muertos, "como el Padre los levanta y les da vida". La Biblia enseña que solo Dios tiene el poder de dar vida a los muertos (Dt. 32:29; 1 S. 2:6; 2 R. 5:7; Hch. 26:8; 2 Co. 1:9; He. 11:19) y el Antiguo Testamento registra varias instancias en que así lo hizo (1 R. 17:17-24; 2 R. 4:32-37; 13:20-21). Como tiene el mismo poder del Padre, Jesucristo es capaz de levantar a quienes están físicamente muertos (11:25-44; Mt. 9.18-25; Lc. 7:11-15; cp. Jn. 6:39-40, 44). Más aún, tiene el poder para dar vida espiritual a quienes están espiritualmente muertos. Jesús prometió: "Mas el que bebiere del agua que yo le daré, no tendrá sed jamás; sino que el agua que yo le daré será en él una fuente de agua que salte para vida eterna" (Jn. 4:14). El Señor amonestó así a sus oyentes en Juan 6: "Trabajad, no por la comida que perece, sino por la comida que a vida eterna permanece, la cual el Hijo del Hombre os dará; porque a éste señaló Dios el Padre" porque Él es "el pan de Dios... que descendió del cielo y da vida al mundo" (vv. 27, 33; cp. vv. 35, 48, 54; 1:4; 10:28; 11:25; 14:6; 17:2).

A diferencia de Elías (1 R. 17:22) y Eliseo (2 R. 4:34-35), Jesús no solo actuaba como representante de Dios cuando resucitaba a los muertos, sino como el mismo Dios. Es el Hijo quien da resurrección y vida espiritual "a los que quiere". Tal como Dios es la fuente de toda la vida, también Jesucristo es la fuente de la vida. Como escoge Dios cuándo da vida, así también el Hijo escoge en perfecto acuerdo con el Padre, una verdad ilustrada por la salvación de los creyentes. Todos los que el Padre eligió entregar al Hijo antes de la fundación del mundo llegarán a Él y Él no los rechazará (6:37). Incluso la oración verdaderamente humana del Señor en Getsemaní da paso a la concordia perfecta entre las personas de la Deidad: "Padre mío, si es posible, pase de mí esta copa; pero no sea como yo quiero, sino como tú" (Mt. 26:39).

JESÚS ES IGUAL A DIOS EN SU JUICIO

Porque el Padre a nadie juzga, sino que todo el juicio dio al Hijo, (Jn. 5:22)

La autoridad de Jesús para dar vida espiritual a quien Él elija es coherente con su autoridad para juzgar a todos los hombres en el día final (cp. 3:18-19; 12:48). La deidad de Cristo se avala aún más porque Dios es "el Juez de toda la tierra" (Gn. 18:25; cp. 1 S. 2:10; 1 Cr. 16:33; Sal. 82:8; 94:2; 96:13; 98:9), pero "el Padre a nadie juzga, sino que todo el juicio dio al Hijo". Como sus voluntades están en armonía perfecta, se le pueden entregar todos los juicios a Cristo con la certidumbre de que estos serán los mismos juicios del Padre. Aunque el juicio no fue el propósito principal de la primera venida de Cristo a la tierra (3:17; 12:47), sigue siendo el resultado final e ineludible de rechazar su salvación (3:18).

En el futuro, "el Señor Jesús [se manifestará] desde el cielo con los ángeles de su poder, en llama de fuego, para dar retribución a los que no conocieron a Dios, ni obedecen al evangelio de nuestro Señor Jesucristo" (2 Ts. 1:7-8), porque Dios "ha establecido un día en el cual juzgará al mundo con justicia, por aquel varón a quien designó, dando fe a todos con haberle levantado de los muertos" (Hch. 17:31). En aquel día final, terrible y de juicio, Él dirá a quienes lo han rechazado: "Nunca os conocí; apartaos de mí, hacedores de maldad" (Mt. 7:23).

JESÚS ES IGUAL A DIOS EN SU HONOR

para que todos honren al Hijo como honran al Padre. El que no honra al Hijo, no honra al Padre que le envió. De cierto, de cierto os digo: El que oye mi palabra, y cree al que me envió, tiene vida eterna; y no vendrá a condenación, mas ha pasado de muerte a vida. (Jn. 5:23-24)

El propósito del Padre al encomendar sus obras y el juicio a Jesús es "que todos honren al Hijo como honran al Padre". Es apropiado que quienes son iguales en naturaleza (vv. 17-18), obras (vv. 19-20), poder, soberanía (v. 21) y juicio (v. 22), reciban el mismo honor. El honor del Padre no disminuye con el honor tributado a Cristo; al contrario, aumenta.

Aunque los judíos incrédulos creían estar adorando verdaderamente a Dios cuando rechazaron a su Hijo (cp. 16:2), así no eran las cosas porque "el que no honra al Hijo, no honra al Padre que le envió". Tal afirmación de Jesús era increíble, como lo señala D. A. Carson:

En un universo teísta, tal declaración pertenece a alguien a quien se le debe tratar como Dios (cp. 20:28) o como a un loco completo. A quien dice tales cosas se le menospreciará con compasión o burla, o se le adorará como Señor. Las mismas opciones nos confrontan si, con toda la erudición actual, cesamos en ver en ese material algo menos en las afirmaciones del Hijo que lo que se ve en las creencias y testimonio del evangelista y su iglesia. O Juan estaba supremamente engañado y debe tachársele de tonto o su testimonio es verdadero y a Jesús se le deben los honores que solo a Dios le corresponden. No hay un término medio racional.[7]

Cuando le preguntaron a Jesús: "¿Qué debemos hacer para poner en práctica las obras de Dios?", Él respondió: "Esta es la obra de Dios, que creáis en el que él ha enviado" (6:28-29). El Señor advirtió: "El que me aborrece a mí, también a mi Padre aborrece" (15:23). Se engañan quienes se niegan a honrar al Hijo, pero afirman honrar al Padre. John Heading escribe:

No le corresponde al hombre decidir si honrará al Uno o al Otro, es a los dos o a ninguno. En los círculos religiosos es demasiado fácil que los incrédulos contemplen a Dios, pero no al Hijo. El conocimiento del Uno implica el conocimiento del Otro (Jn. 8:19); odio al Uno implica odio al Otro (15:23); negar al Uno implica negar al Otro (1 Jn. 2:23).[8]

El hecho de que al Padre y al Hijo se les deba el mismo honor afirma con fuerza la deidad de Cristo y su igualdad con Dios, quien

7. D. A. Carson, *The Gospel According to John,* The Pillar New Testament Commentary (Grand Rapids: Eerdmans, 1991), p. 255.
8. John Heading, *What the Bible Teaches: John* (Kilmarnock, Scotland: John Ritchie, 1988), p. 93.

declaró por medio del profeta Isaías: "Yo soy el Señor; ¡ése es mi nombre! No entrego a otros mi gloria, ni mi alabanza a los ídolos" (Is. 42:8, NVI; 48:11). Aun así, el Padre ha ordenado que todos honren al Hijo. Pablo escribió, en Filipenses 2:9-11, lo siguiente:

> Por eso Dios lo exaltó hasta lo sumo y le otorgó el nombre que está sobre todo nombre, para que ante el nombre de Jesús se doble toda rodilla en el cielo y en la tierra y debajo de la tierra, y toda lengua confiese que Jesucristo es el Señor, para gloria de Dios Padre.

Lo quieran o no, todo el mundo obedecerá un día el mandamiento del Padre de honrar a Jesucristo.

Jesús cerró esta sección de su discurso reafirmando su autoridad para dar vida eterna a quien Él lo desee. El Señor subraya la importancia de semejante declaración monumental al abrirla con la fórmula solemne *amén, amén* (De cierto, de cierto). Él identifica a quienes reciben la vida eterna con quienes oyen su palabra (mensaje) y creen al Padre que le envió. Como siempre en las Escrituras, la soberanía divina no está desligada de la responsabilidad humana de arrepentirse y creer en el evangelio. La promesa bendita a quienes creen es que "no [llegarán a] condenación, mas han pasado de muerte a vida". Como Pablo les escribió a los romanos, "ninguna condenación hay para los que están en Cristo Jesús" (Ro. 8:1).

Las afirmaciones de Jesucristo nos confrontan a todos, nos fuerzan a tomar una decisión a favor o en contra de Él. No hay terreno neutro, pues como dijo Jesús: "El que no es conmigo, contra mí es; y el que conmigo no recoge, desparrama" (Lc. 11:23). Quienes lo aceptan por lo que Él es, Dios encarnado en carne humana, se salvarán de sus pecados por medio de Él (Mt. 1:21; 1 Ti. 1:15; He. 7:25). Pero quienes creen que Él es algo diferente a quien en realidad es, un día enfrentarán el juicio del Señor (Jn. 3:18; 9:39; 12:47-48; 16:8-9; Hch. 10:38-42; 17:31; 2 Ti. 4:1).

Capítulo 9

UNO CON EL PADRE

JUAN 10:22-42

Celebrábase en Jerusalén la fiesta de la dedicación. Era invierno, y Jesús andaba en el templo por el pórtico de Salomón. Y le rodearon los judíos y le dijeron: ¿Hasta cuándo nos turbarás el alma? Si tú eres el Cristo, dínoslo abiertamente. Jesús les respondió: Os lo he dicho, y no creéis; las obras que yo hago en nombre de mi Padre, ellas dan testimonio de mí; pero vosotros no creéis, porque no sois de mis ovejas, como os he dicho. Mis ovejas oyen mi voz, y yo las conozco, y me siguen, y yo les doy vida eterna; y no perecerán jamás, ni nadie las arrebatará de mi mano. Mi Padre que me las dio, es mayor que todos, y nadie las puede arrebatar de la mano de mi Padre. Yo y el Padre uno somos. Entonces los judíos volvieron a tomar piedras para apedrearle. Jesús les respondió: Muchas buenas obras os he mostrado de mi Padre; ¿por cuál de ellas me apedreáis? Le respondieron los judíos, diciendo: Por buena obra no te apedreamos, sino por la blasfemia; porque tú, siendo hombre, te haces Dios. Jesús les respondió: ¿No está escrito en vuestra ley: Yo dije, dioses sois? Si llamó dioses a aquellos a quienes vino la palabra de Dios (y la Escritura no puede ser quebrantada), ¿al que el Padre santificó y envió al mundo, vosotros decís: Tú blasfemas, porque dije: Hijo de Dios soy? Si no hago las obras de mi Padre, no me creáis. Mas si las hago, aunque no me creáis a mí, creed a las obras, para que conozcáis y creáis que el Padre está en mí, y yo en el Padre. Procuraron otra vez prenderle, pero él se escapó de sus manos. Y se fue de nuevo al otro lado

del Jordán, al lugar donde primero había estado bautizando Juan; y se quedó allí. Y muchos venían a él, y decían: Juan, a la verdad, ninguna señal hizo; pero todo lo que Juan dijo de éste, era verdad. Y muchos creyeron en él allí. (Juan 10:22-42)

Este pasaje marca el final de la presentación que hace Juan del ministerio público de Cristo. Jesús había viajado por más de tres años a todo lo largo y ancho de Israel, predicando el evangelio, llamando al arrepentimiento, denunciando la religión falsa e hipócrita, instruyendo a sus discípulos y realizando incontables señales y maravillas para confirmar que Él era el Mesías. Por medio de palabras y obras, Jesús había demostrado claramente su deidad e igualdad con Dios.

Lamentablemente, la nación de Israel, guiada por sus líderes religiosos, rechazó al Mesías tal como lo predijo el Antiguo Testamento (cp. Sal. 22:6-8; Is. 49:7; 50:6; 53:3). Al final de su vida, Jesús tan solo tenía un puñado de seguidores auténticos; la Biblia menciona 120 en Jerusalén (Hch. 1:15) y varios cientos más, probablemente en Galilea (1 Co. 15:6; cp. Mt. 28:7, 16). En lugar de acogerlo como el Rey Redentor esperado por largo tiempo, los judíos "por medio de gente malvada... lo mataron, clavándolo en la cruz" (Hch. 2:23, NVI). Como se ha indicado en los capítulos anteriores, el rechazo de Jesús por la nación es un tema frecuente en el Evangelio de Juan.[1]

Siguiendo con ese tema, en la sección final del capítulo 10, Juan recalca la larga presentación del ministerio público de nuestro Señor (iniciado en 1:35) con otra confrontación entre Jesús y los líderes religiosos judíos. El diálogo entre ellos se da a conocer

---

1. Véase Juan 1:10-11; 2:20; 3:32; 4:1-3; 5:16-18; 6:41-43, 66; 7:1, 20, 26-27, 30-52; 8:13-59; 9:16, 24, 29, 40-41; 10:20; 11:46-57; 12:37-40.

en cinco escenas: la confrontación, la afirmación, la acusación, el reto y las consecuencias.

La confrontación

Celebrábase en Jerusalén la fiesta de la dedicación. Era invierno, y Jesús andaba en el templo por el pórtico de Salomón. Y le rodearon los judíos y le dijeron: ¿Hasta cuándo nos turbarás el alma? Si tú eres el Cristo, dínoslo abiertamente. (Jn. 10:22-24)

La nota de Juan sobre la celebración de la fiesta de la dedicación establece el escenario para el siguiente episodio. Hay un intervalo de aproximadamente dos meses entre el versículo 21 (que aún se da en el tiempo de la fiesta de los tabernáculos [7:2, 10, 37]) y el versículo 22. Algunos comentaristas creen que Jesús se fue de la ciudad durante este período de dos meses, pues el versículo 22 vuelve a llamar la atención sobre Jerusalén como escenario del diálogo. Otros creen que el Señor se quedó en los alrededores pues el versículo no dice que subió a Jerusalén, la expresión usual para ir a la ciudad desde otra región (cp. 2:13; 5:1; 11:55; Mt. 20:17-18). Ambas perspectivas no son sino especulaciones, pues los evangelios no dicen dónde estaba Jesús en esos dos meses.

Hoy conocida como *Hanukkah* o la fiesta de las luminarias (llamada así por las luces y velas que alumbraban en las casas judías como parte de la celebración), "la fiesta de la dedicación" se celebraba el día veinticinco del mes judío *Kislev* (nov.-dic.). No era una fiesta prevista en el Antiguo Testamento, pero se originó durante el período intertestamentario. La fiesta conmemoraba la victoria de los israelitas sobre el infame rey sirio Antíoco Epífanes (175-164 a.C.). Antíoco, devoto de la cultura griega, buscaba imponerla a sus súbditos (un proceso conocido como "helenización") mediante un decreto que promulgó en el 167 a.C. Antíoco capturó Jerusalén y profanó el templo (170 a.C.) sacrificando un cerdo en el altar, estableciendo un altar pagano en su lugar y erigiendo una estatua de Zeus en el lugar santísimo. En su intento de erradicar sistemáticamente el judaísmo, Antíoco oprimió brutalmente a los judíos, quienes se aferraban tenazmente a su religión. Bajo su dirección despótica, a los judíos se les exigía ofrecer sacrificios a los dioses paganos; no se les permitía poseer o leer sus Sagradas Escrituras y los ejemplares de estas se destruían. Antíoco fue el primer rey pagano en perseguir a los judíos por su religión (cp. Dn. 8:9-14, 23-25; 11:21-35).

La persecución salvaje de Antíoco causó una revuelta de los judíos piadosos, liderados por un sacerdote llamado Matatías y sus hijos. Después de tres años de guerrillas bajo la brillante dirección militar de Judas Macabeo (el hijo de Matatías), los judíos pudieron retomar Jerusalén. El 25 de *Kislev* del 164 a.C., liberaron el templo, lo volvieron a dedicar a Dios, y establecieron la fiesta de la dedicación.

La fiesta de la dedicación, que celebraba la revuelta exitosa, tenía lugar en invierno, lo cual puede explicar por qué Jesús, que andaba en el templo, estaba específicamente en el pórtico de Salomón. Probablemente hacía frío y podía estar lloviendo, pues el invierno es la temporada lluviosa en Palestina. El pórtico de Salomón les proporcionaría protección de los elementos; era una columnata techada apoyada en pilares, localizada al lado oriental del templo y con vista al valle de Cedrón. Muchas personas frecuentaban el sitio, especialmente en el tiempo inclemente. Algunos caminaban allí para meditar y los rabinos a veces enseñaban allí a sus estudiantes. Después, los primeros cristianos se reunían en el pórtico de Salomón para proclamar el evangelio (Hch. 3:11; 5:12).

Debemos decir que algunos ven en la referencia de Juan al invierno una velada referencia del estado espiritual de los judíos;

pues no solo describía la temporada del año, sino la frialdad espiritual de Israel. "El lector atento del Evangelio entiende que las anotaciones del tiempo y la temperatura en Juan son reflejo de la condición espiritual de las personas en el relato" (cp. 3:2; 13:30; 18:18; 20:1, 19; 21:3-4).[2]

Los judíos hostiles rodearon al Señor (esa es una expresión fuerte y habla de su actitud [cp. Lc. 21:20; Hch. 14:20; He. 11:30]) y le increparon: "¿Hasta cuándo nos turbarás el alma? Si tú eres el Cristo, dínoslo abiertamente". Los judíos estaban haciendo la pregunta correcta interrogando a Jesús sobre si era el Mesías; de hecho, es la pregunta más importante que alguien puede hacer (cp. Mt. 16:15-16). Pero dada la revelación que habían visto y oído y la hostilidad hacia Jesús en el curso de esa revelación, su motivo era sospechoso.

Lejos de ser una petición sincera de información, su pregunta en realidad no era sino otro intento de tenderle una trampa a Jesús con la idea de librarse de Él. Como era la amenaza más grande a su poder y prestigio, buscaban sin parar la forma de desacreditarlo y desecharlo por completo. Estaban desequilibrados por las señales milagrosas que Él realizaba (11:47); estaban cansados de las divisiones que causaba (Lc. 12:51-53), aun entre sus filas (cp. 9:16); temían una posible revuelta que pudiera producirse contra Roma, cosa que afectaría su estatus político privilegiado (11:48); estaban enojados por las represiones públicas que les hacía por su hipocresía (p. ej., Mt. 23:1-36). Por encima de todo, les enfurecía su afirmación no apologética de ser Dios (5:18; 10:33; 19:7). La estrategia de las autoridades judías era hacerlo declarar en público (el verbo que se traduce "abiertamente" también se puede traducir "públicamente" [7:4, 13, 26; 11:54; 18:20]) que Él era el Mesías, de modo que tuvieran un pretexto para arrestarlo.

---

2. Gerald L. Borchert, *John 1–11*, The New American Commentary (Nashville: Broadman & Holman, 2002), pp. 337-338.

La afirmación

Jesús les respondió: Os lo he dicho, y no creéis; las obras que yo hago en nombre de mi Padre, ellas dan testimonio de mí; pero vosotros no creéis, porque no sois de mis ovejas, como os he dicho. Mis ovejas oyen mi voz, y yo las conozco, y me siguen, y yo les doy vida eterna; y no perecerán jamás, ni nadie las arrebatará de mi mano. Mi Padre que me las dio, es mayor que todos, y nadie las puede arrebatar de la mano de mi Padre. Yo y el Padre uno somos. Entonces los judíos volvieron a tomar piedras para apedrearle. (Jn. 10:25-31)

Pero Jesús ya les *había* dicho abiertamente quién era (cp. 5:17ss.; 8:12, 24, 58); de hecho, había pasado los últimos tres años haciéndolo. No solo eso, las obras que hizo en el nombre del Padre también demostraban que Él era el Mesías; el Hijo de Dios; Dios en carne humana (cp. vv. 32, 38; 3:2; 5:36; 7:31; 11:47; 14:11; Hch. 2:22). La declaración "vosotros no creéis", repetida dos veces por el Señor, indica que el problema no se debía a ambigüedad alguna en la revelación de la verdad, sino a la ceguera espiritual de ellos. Carecían del entendimiento, no porque les faltara información, sino porque carecían del arrepentimiento y la fe. Su incredulidad no se debía a exposición insuficiente a la verdad, sino a su odio por la verdad y el amor a las mentiras (Jn. 3:19-21). Cualquiera que esté dispuesto a buscar la verdad, la encontrará (7:17); pero Jesús se negó a comprometerse con quienes rechazaban voluntariamente la verdad. Igual, si de nuevo les hubiera dado la respuesta que le pedían, ellos no habrían creído (cp. 8:43; Mt. 26:63-65; Lc. 22:66-67).

Desde la perspectiva de la responsabilidad humana, los judíos hostiles no creían porque habían rechazado deliberadamente la verdad. Pero, desde el punto de vista de la soberanía divina, no creían porque no eran ovejas del Señor, las que el Padre le había dado (v. 29; 6:37; 17:2, 6, 9). La comprensión total de cómo obran juntas estas dos realidades, la responsabilidad humana y la soberanía divina, está más allá de la comprensión humana; pero en la mente infinita de Dios no hay dificultad con ellos. Es significativo que la Biblia no intenta armonizarlas, ni disculpa la tensión lógica entre ellas. Por ejemplo, en Lucas 22:22, cuando Jesús habló de la traición de Judas Iscariote, dijo: "A la verdad el Hijo del Hombre va, según lo que está determinado". En otras palabras, la traición de Judas concordaba con el propósito eterno de Dios. Mas entonces Jesús añadió: "Pero ¡ay de aquel hombre por quien es entregado!". El hecho de que la traición de Judas fuera parte del plan de Dios no mitigaba su responsabilidad en el delito. En Hechos 2:23, Pedro dijo que Jesús fue "entregado [a la cruz] por el determinado consejo y anticipado conocimiento de Dios". Con todo, también responsabilizó a Israel por haber prendido y matado a Jesús "por manos de inicuos, crucificándole". La soberanía de Dios nunca excusa el pecado humano.

Repitiendo lo que dijo en el discurso del buen pastor, Jesús dijo: "Mis ovejas oyen mi voz, y yo las conozco, y me siguen". Los elegidos atenderán el llamamiento de Cristo para la salvación y continuarán en fe y obediencia para la gloria eterna (cp. Ro. 8:29-30).

El Señor siguió articulando la verdad maravillosa de que quienes son sus ovejas no necesitan temer perderse. Jesús declaró: "Yo les doy vida eterna; y no perecerán jamás, ni nadie las arrebatará de mi mano. Mi Padre que me las dio, es mayor que todos, y nadie las puede arrebatar de la mano de mi Padre". En ninguna otra parte, las Escrituras afirman más fuertemente la seguridad absoluta y eterna de todos los cristianos verdaderos. Jesús enseñó claramente que la seguridad del creyente en la salvación no depende de esfuerzos humanos, sino que tiene su base en la gracia, elección soberana, promesa y poder de Dios.

Las palabras de Cristo revelan siete realidades que atan a todo verdadero cristiano para siempre con Dios. *Primera, los creyentes son sus ovejas,* y el deber del Buen Pastor es proteger a su rebaño. Jesús dijo: "Y esta es la voluntad del Padre, el que me envió: Que de todo lo que me diere, no pierda yo nada, sino que lo resucite en el día postrero" (6:39). Insistir que un cristiano verdadero puede perderse de alguna manera es negar la verdad de esa declaración. También es difamar el carácter del Señor Jesucristo; hacerlo un pastor incompetente, incapaz de sostener a quienes el Padre le confió.

Segunda, las ovejas de Cristo solo oyen su voz y le siguen sólo a Él. Como no oirán o seguirán a un extraño (10:5), no es posible que deambulen por ahí, lejos de Él y se pierdan eternamente.

Tercera, las ovejas de Cristo tienen vida eterna. Hablar del final de la vida eterna es una contradicción en los términos.

Cuarta, Cristo da vida eterna a sus ovejas. Puesto que no hicieron nada para obtenerla, no pueden hacer nada para perderla.

Quinta, Cristo prometió que sus ovejas no perecerán jamás. Si eso le pasara a una, Él sería un mentiroso.

Sexta, nadie —ni los falsos pastores (los ladrones y salteadores del v. 1), ni los falsos profetas (simbolizados por el lobo del v. 12), ni siquiera el diablo— *es lo suficientemente poderoso como para arrebatar las ovejas de Cristo de su mano.*

Y, por último, las ovejas de Cristo no solo están en su mano, sino en la mano del Padre, quien es mayor que todos, luego nadie las puede arrebatar de su mano tampoco. La vida del creyente, infinitamente segura, "está escondida con Cristo en Dios" (Col. 3:3).

El Padre y el Hijo garantizan conjuntamente la seguridad eterna de los creyentes porque Jesús declaró: "Yo y el Padre uno somos" (la palabra griega para "uno" es neutra, no masculina; habla de "una sustancia", no de "una persona"). Así, la unidad de ellos en propósito y acción para salvaguardar a los creyentes se apoya en la unidad de su naturaleza y esencia. Todo el asunto de la seguridad se resume en las propias palabras de nuestro Señor en Juan 6:39-40:

> Y esta es la voluntad del Padre, el que me envió: Que de todo lo que me diere, no pierda yo nada, sino que lo resucite en el día postrero. Y esta es la voluntad del que me ha enviado: Que todo aquél que ve al Hijo, y cree en él, tenga vida eterna; y yo le resucitaré en el día postrero.

Los judíos, enfurecidos por lo que percibían inequívocamente como otra afirmación blasfema sobre la deidad de Jesús, justos en su opinión, explotaron en un ataque de pasión y volvieron a tomar piedras para apedrearle; es la cuarta vez que intentaban matarlo en el Evangelio de Juan (5:16-18; 7:1; 8:59). Aunque los romanos habían privado a los judíos del uso de la pena capital (18:31), esta turba airada y asesina estaba lista para tomar el asunto en sus propias manos.

La acusación

Jesús les respondió: Muchas buenas obras os he mostrado de mi Padre; ¿por cuál de ellas me apedreáis? Le respondieron los judíos, diciendo: Por buena obra no te apedreamos, sino por la blasfemia; porque tú, siendo hombre, te haces Dios. (Jn. 10:32-33)

Mostrando una calma majestuosa frente a la ira asesina de sus oponentes, Jesús les dijo deliberadamente: "Muchas buenas [el adjetivo *kalós* significa "noble", "excelente", "bello"] obras os he mostrado de mi Padre; ¿por cuál de ellas me apedreáis?". El Señor no suavizó ni retiró su afirmación de ser igual a Dios. En su lugar, los forzó a enfrentar y lidiar con sus buenas obras milagrosas, hechas con la dirección del Padre (cp. 5:19-23). Esas obras eran prueba visible y tangible de su unidad con Dios (cp. 5:36). La pregunta del Señor también metió a los líderes judíos en la posición incómoda de oponerse a las cosas buenas, populares y públicas que había hecho al sanar a los enfermos, alimentar la multitud, liberar a los poseídos e incluso resucitar a los muertos (cp. Lc. 7:14-15; 8:52-56; Jn. 11).

Sin embargo, a los judíos enfurecidos no les disuadía ningún milagro. A diferencia del que fuera anteriormente ciego, quien había llegado a la conclusión apropiada a partir de las obras milagrosas de Jesús (cp. 9:33), la turba enfurecida simplemente echó a un lado sus obras. Los judíos le respondieron: "Por buena obra no te apedreamos, sino por la blasfemia; porque tú, siendo hombre, te haces Dios". Como ya dijimos, las señales que Jesús realizaba demostraron su unidad con el Padre y probaron que no era culpable de blasfemia. Pero la apelación del Señor a sus obras poderosas se perdió entre la multitud. Ellos ya estaban decididos y su amor por el pecado los hacía cautivos de Satanás, la muerte y el juicio.

En contraste con quienes niegan que Cristo haya afirmado ser Dios, los judíos hostiles entendieron perfectamente que Jesús decía eso. Pero se negaban a considerar la posibilidad de que su afirmación fuera cierta. Para ellos, Jesús era culpable del acto último de blasfemia porque, como le dijeron: "porque tú, siendo hombre, te haces Dios". Como sucedió con las primeras afirmaciones de deidad que hizo Cristo, su reacción final fue un plan para matarlo (5:16-18; 8:58-59). Irónicamente, su acusación de blasfemia era verdad en el sentido opuesto. Lejos de ser tan solo un hombre que se promovía como Dios con arrogancia, Jesús de hecho era el Dios todopoderoso, quien se había humillado por amor, haciéndose hombre para morir por el mundo (1:14; cp. Fil. 2:5-11).

El reto

Jesús les respondió: ¿No está escrito en vuestra ley: Yo dije, dioses sois? Si llamó dioses a aquellos a quienes vino la palabra de Dios (y la Escritura no puede ser quebrantada), ¿al que el

Padre santificó y envió al mundo, vosotros decís: Tú blasfemas, porque dije: Hijo de Dios soy? Si no hago las obras de
mi Padre, no me creáis. Mas si las hago, aunque no me creáis a
mí, creed a las obras, para que conozcáis y creáis que el Padre
está en mí, y yo en el Padre. (Jn. 10:34-38)

Es importante notar que Jesús, habiendo sido acusado de blasfemia porque sus oponentes sabían bien qué estaba diciendo, no
reclamó que lo habían malinterpretado. Su negación a hacerlo deja
claro que la declaración "Yo y el Padre uno somos" (v. 30), era lo
que ellos sabían que era, una afirmación de ser Dios.

Jesús sabía la seriedad con que ellos se tomaban la palabra
"Dios", de modo que trató ese asunto citando un pasaje del
Antiguo Testamento: "¿No está escrito en vuestra ley: Yo dije,
dioses sois? Si llamó dioses a aquellos a quienes vino la palabra de
Dios (y la Escritura no puede ser quebrantada), ¿al que el Padre
santificó y envió al mundo, vosotros decís: Tú blasfemas, porque
dije: Hijo de Dios soy?". La misma ley —aquí una referencia a todo
el Antiguo Testamento, no solo al Pentateuco— que los judíos
valoraban tanto usaba el término "dioses" para referirse a otros
que no fueran Dios. La referencia es al Salmo 82:6, donde Dios
reprendió a los jueces injustos de Israel llamándolos "dioses" (en
un sentido muy inferior) porque regían como representantes y
portavoces de Dios (cp. Éx. 4:16; 7:1). Los líderes judíos no podían
disputar el hecho de que a esos jueces se les llamara "dioses", porque
la Escritura no puede ser quebrantada; una declaración clara y sin
ambigüedad de la veracidad y autoridad absolutas de la Biblia. La
Biblia no puede ser anulada ni dejada a un lado, aunque los judíos
lo intentaban con frecuencia (cp. Mr. 7:13).

Si Dios llamó "dioses" a los jueces injustos, argumentó Jesús,
¿cómo podían decir sus oponentes "al que el Padre santificó y
envió al mundo: Tú blasfemas", porque dijo: "Hijo de Dios soy"?

Si simples mortales, malos, podían llamarse en algún sentido "dioses", ¿cómo podría ser inapropiado que Jesús, al que el Padre santificó y envió al mundo, se autodenominara Hijo de Dios (cp. 5:19-27)? No se trata de añadir evidencia de su deidad; simplemente es una reprensión al nivel de su reacción exagerada con el uso de la palabra "Dios" en referencia a Jesús. Él había probado tener el derecho a ese título en todo el sentido divino, como lo afirmaría otra vez en los versículos 37-38. Ellos tan solo eran aquellos a quienes vino la Palabra de Dios; Jesús era la Palabra de Dios encarnada (1:1, 14). Como un comentarista explicó:

> Este pasaje se malinterpreta a veces, como si Jesús solo se estuviera igualando a los hombres en general. El razonamiento es así: Jesús apela al salmo que habla de los hombres como dioses y entonces justifica autodenominarse Hijo de Dios. Es dios en el mismo sentido de los otros. Pero esto no es tomar muy en serio lo que Cristo dijo en realidad. Está argumentando de menos a más. Si la palabra *dios* se podía usar para personas que no eran sino jueces, ¿cuánto más podría usarlo con mayor dignidad, mayor importancia y significado que cualquier otro juez, el "que el Padre santificó y envió al mundo"? No se ubica Él en el nivel de los hombres, se está apartando de ellos.[3]

La apelación del Señor al Antiguo Testamento fue un nuevo reto a los líderes judíos para que abandonaran sus conclusiones sesgadas sobre Él y consideraran la evidencia objetiva. En el mismo sentido, Jesús continuó diciendo: "Si no hago las obras de mi Padre, no me creáis. Mas si las hago, aunque no me creáis a mí, creed a las obras, para que conozcáis y creáis que el Padre está en mí, y yo en el Padre". Como ya lo había hecho muchas otras veces, con una paciencia irritante (cp. vv. 25, 32; 5:19-20, 36; 14:10-11), el

---

3. Leon Morris, *Reflections on the Gospel of John* (Peabody: Hendrickson, 2000), p. 396.

Señor apeló a sus obras para probar su unión indivisible con el Padre (v. 30). Pero, de modo increíble, los líderes religiosos de Israel eran tan ciegos espiritualmente que no podían reconocer las buenas obras de Dios. Si Jesús no hiciera las obras del Padre, habrían estado ellos en lo correcto al negarse a creer. De otro lado, si Él las hacía, ellos debieran haber puesto de lado su renuencia a creer sus palabras, debían haber escogido creer el testimonio claro de sus obras. Como supuestos hombres de Dios, debieran haber estado dispuestos a seguir la evidencia a su conclusión lógica.

LAS CONSECUENCIAS

Procuraron otra vez prenderle, pero él se escapó de sus manos. Y se fue de nuevo al otro lado del Jordán, al lugar donde primero había estado bautizando Juan; y se quedó allí. Y muchos venían a él, y decían: Juan, a la verdad, ninguna señal hizo; pero todo lo que Juan dijo de éste, era verdad. Y muchos creyeron en él allí. (Jn. 10:39-42)

Como era previsible, el reto del Señor a sus oponentes cayó en oídos sordos. En lugar de considerar la evidencia, los líderes judíos respondieron como ya lo habían hecho: procuraron otra vez prenderle. Tal vez planeaban arrastrarlo fuera del templo antes de lapidarlo (cp. Hch. 21:30-32), pero es más probable que quisieran arrestarlo y asegurarlo para juzgarlo ante el sanedrín. No importa qué hayan pretendido, su hora no había llegado aún (7:30; 8:20); por eso, Jesús se escapó de sus manos. Dejó Jerusalén y no regresó hasta tres o cuatro meses después para resucitar a Lázaro de los muertos (Jn. 11:1ss.) y entrar en triunfo a Jerusalén (12:12ss.).

No obstante, como siempre, en la multitud había algunos que creían y le aceptaban (cp. vv. 19-21; 7:12, 43; 9:16). Después de dejar Jerusalén, el Señor "se fue de nuevo al otro lado del Jordán, al lugar donde primero había estado bautizando Juan" (Betania, más allá del Jordán). Mientras estuvo allí, "muchos venían a él, y decían: Juan, a la verdad, ninguna señal hizo; pero todo lo que Juan dijo de éste, era verdad". Allí las personas le recordaron e iban a Él como lo habían hecho antes alrededor de Juan el Bautista. Aunque Juan, a la verdad, ninguna señal hizo (esto es, no hizo milagros), fue el testigo preeminente de Jesús; como lo observaron las personas, "todo lo que Juan dijo de éste [Jesús], era verdad". No sorprende que "muchos creyeron en él allí".

Así, el ministerio público de Jesús concluyó con un último rechazo de los mismos líderes que debieran haberlo saludado como Mesías. El rechazo de ellos previó el rechazo final unos meses después, cuando el pueblo, bajo la influencia de tales líderes (Mt. 27:20), gritó: "¡Fuera, fuera, crucifícale!" (Jn. 19:15).

Aun hoy hay muchos que, como la nación judía hostil, permiten que sus ideas preconcebidas sobre la religión y su amor por el pecado les ciegue a la verdad salvadora de Jesucristo. No obstante, quienes se acercan a Él en arrepentimiento y fe, llegarán a la verdad de quién es Él (Jn. 7:17). A ellos se les dará la "potestad de ser hechos hijos de Dios" (Jn. 1:12).

Capítulo 10

EL GRAN "YO SOY"

Pasajes seleccionados de Juan

A lo largo del Evangelio de Juan, Jesús usó repetidas veces la frase "Yo soy" para ilustrar aspectos específicos de su obra salvadora. Se describió a sí mismo como "el pan de vida" (Jn. 6:48), "la luz del mundo" (8:12), "la puerta de las ovejas" (10:7, 9), "el buen pastor" (10:11, 14), "la resurrección y la vida" (11:25), "el camino, y la verdad, y la vida" (14:6), y "la vid verdadera" (15:1, 5). En otros pasajes, utilizó "Yo soy" en un sentido absoluto e incondicional (4:26; 8:24, 28, 58; 13:19; 18:5-8), para hacer suyo el nombre de Dios en el Antiguo Testamento (Éx. 3:14).

Al reclamar para sí el título "Yo soy", Jesús estaba reclamando nada menos que la plena igualdad con Dios. Un estudio de los pasajes clave del Evangelio de Juan demuestra la verdad profunda comprendida en las declaraciones de "Yo soy" de Jesús: Jesús es Dios en la carne, el Emanuel profetizado en Isaías 7:14 y declarado en Mateo 1:20-23.

Yo soy el pan de vida

Jesús les dijo: Yo soy el pan de vida; el que a mí viene, nunca tendrá hambre; y el que en mí cree, no tendrá sed jamás. (Jn. 6:35)

Yo soy el pan de vida. (Jn. 6:48)

La torpeza y falta de entendimiento de la gente llevó al Señor a declararles sin ambigüedades: "Yo soy el pan de vida". El Señor no se había referido al pan real, como ellos pensaron erradamente, sino a sí mismo; Él es el pan que antes había prometido darles (v. 27). No había pan físico, maná, ni el pan como el que el Señor había creado la noche anterior (6:1-13) que pudieran satisfacer de modo permanente su hambre física. Entonces, cuando el Señor les declaró que quienes vinieran a Él nunca volverían a tener hambre ni sed, no les estaba hablando del cuerpo, sino del alma. Aquí, como en Mateo 5:6, la necesidad humana de conocer a Dios se expresa metafóricamente como hambre y sed (cp. Sal. 42:1-2; 63:1).

Los dos verbos simples del versículo 35 definen la parte del hombre en el proceso de salvación: "viene" y "cree". Ir a Cristo es olvidar la vieja vida de pecado y rebelión, y someterse a Él como Señor. Aunque Juan no usa el término "arrepentimiento" en su Evangelio, el concepto está implícito en la idea de ir a Cristo (cp. 1 Ts. 1:9). En palabras de Charles Spurgeon: "Usted y su pecado deben separarse o Dios y usted nunca estarán juntos".[1] Creer en Cristo es confiar completamente en Él como Mesías e Hijo de Dios y reconocer que la salvación viene solo por medio de la fe en Él (14:6; Hch. 4:12). El arrepentimiento y la fe son los dos lados de la misma moneda; arrepentirse es darle la espalda al pecado y creer es mirar al Salvador. Son inseparables.

Yo soy la luz del mundo

Otra vez Jesús les habló, diciendo: Yo soy la luz del mundo; el que me sigue, no andará en tinieblas, sino que tendrá la luz de la vida. (Jn. 8:12)

Entre tanto que estoy en el mundo, luz soy del mundo. (Jn. 9:5)

---

1. Charles Spurgeon, "Rightly Dividing the Word of Truth" en *The Metropolitan Tabernacle Pulpit*, vol. 21 (Pasadena: Pilgrim, 1980), p. 88.

Anteriormente en su Evangelio, Juan había usado ya la metáfora de la luz para describir a Jesús (1:4, 8-9; cp. Ap. 21:23) y en el Antiguo Testamento había abundantes alusiones a ella (cp. Éx. 13:21-22; 14:19-20; Neh. 9:12, 19; Sal. 27:1; 36:9; 43:3; 44:3; 104:2; 119:105, 130; Pr. 6:23; Is. 60:19-20; Ez. 1:4, 13, 26-28; Mi. 7:8; Hab. 3:3-4; Zac. 14:5*b*-7). Cuando Jesús decía ser la luz del mundo, claramente afirmaba ser Dios (cp. Sal. 27:1; Is. 60:19; 1 Jn. 1:5) y el Mesías de Israel enviado por Dios como la "luz de las naciones" (Is. 42:6; cp. 49:6; Mal. 4:2).

Solo Jesucristo trae la luz de la salvación al mundo maldito por el pecado. Él es la luz de la verdad para la oscuridad de la falsedad, es la luz de la sabiduría para la oscuridad de la ignorancia, es la luz de la santidad para la oscuridad del pecado, es la luz de la alegría para la oscuridad del lamento, y la luz de la vida para la oscuridad de la muerte.

La analogía de la luz, como la anterior metáfora del agua viva (7:37-39), era muy relevante en la fiesta de los tabernáculos. La ceremonia diaria de verter agua tenía su contrapartida nocturna en la ceremonia de alumbrar con lámparas. En el mismo patio de las mujeres en que Jesús hablaba, alumbraban cuatro grandes candelabros para iluminar el cielo nocturno como un reflector. Su luz era tan brillante que una fuente judía antigua declaró: "No había un patio en Jerusalén que no reflejara su luz".[2] Estas luces brillantes servían como un recordatorio de la columna de fuego por la cual guió Dios al pueblo de Israel en el desierto (Éx. 13:21-22). El pueblo —incluso los líderes de mayor dignidad— danzaba exuberante alrededor de los candelabros durante la noche, sostenían antorchas ardientes en sus manos y cantaban canciones de alabanza. Fue en este trasfondo de la ceremonia cuando Jesús hizo el anuncio sorprendente de ser la verdadera luz del mundo.

---

2. Citado en F. F. Bruce, *The Gospel of John* (Grand Rapids: Eerdmans, 1983), p. 206, n. 1.

Sin embargo, a diferencia de los candelabros fijos y temporales, Jesús es una luz que nunca se apaga, una luz para ser seguida. Tal como Israel siguió la columna de fuego en el desierto (Éx. 40:36-38), así Jesús llamó a los hombres a seguirlo (Jn. 1:43; 10:4, 27; 12:26; 21:19, 22; Mt. 4:19; 8:22; 9:9; 10:38; 16:24; 19:21). El que sigue a Jesús, como Él lo prometió, no andará en las tinieblas del pecado, el mundo y Satanás, sino que tendrá la luz que produce vida espiritual (cp. 1:4; Sal. 27:1; 36:9; Is. 49:6; Hch. 13:47; 2 Co. 4:4-6; Ef. 5:14; 1 Jn. 1:7). Los creyentes iluminados por Jesús reflejan su luz en el mundo oscuro (Mt. 5:14; Ef. 5:8; Fil. 2:15; 1 Ts. 5:5). "Al encender ellos sus antorchas y su llama brillante, mostraban algo de luz para el mundo".[3]

La palabra "sigue" (*akolouthéo*) se usa a veces en un sentido general para hablar de las multitudes que seguían a Jesús (p. ej., 6:2; Mt. 4:25; 8:1; 12:15; Mr. 2:15; 3:7; Lc. 7:9; 9:11). Pero también puede referirse más específicamente a seguirlo como un discípulo verdadero (p. ej., 1:43; 10:4, 27; 12:26; Mt. 4:20, 22; 9:9; 10:38; 16:24; 19:27; Mr. 9:38). En ese contexto, tiene la connotación de sumisión completa a Jesús como Señor. Dios no acepta corazones a medias para seguir a Cristo: recibirlo como Salvador pero no seguirlo como Señor. La persona que viene a Jesús lo hace en los términos de Él, o no lo hace; (cp. Mt. 8:18–22). A pesar de que requiere abnegación y comprometerse de todo corazón (Mt 16:24-26), seguir a Cristo no es pesado, ya que caminar en la luz es mucho más fácil que ir tropezando en la oscuridad (cp. Jer. 13:16).

Porque si no creéis que yo soy

Y les dijo: Vosotros sois de abajo, yo soy de arriba; vosotros sois de este mundo, yo no soy de este mundo. Por eso os dije

---

3. Leon Morris, *The Gospel According to John*, The New International Commentary on the New Testament (Grand Rapids: Eerdmans, 1979), p. 438. Publicado en español por Editorial Clie con el título *El Evangelio según Juan*.

que moriréis en vuestros pecados; porque si no creéis que yo soy, en vuestros pecados moriréis. (Jn. 8:23-24; cp. Jn. 4:25-26; 8:28; 13:18-19)

En estos versículos, Jesús declaró que quienes lo rechazan morirán en sus pecados porque rechazan creer que Él es. El uso de la frase absoluta y sin calificativos "Yo soy" no es nada menos que una afirmación directa de deidad total. Cuando Moisés le preguntó a Dios el nombre, Él respondió "YO SOY EL QUE SOY" (Éx. 3:14). En la Septuaginta (la traducción griega del Antiguo Testamento), corresponde a la misma frase (*ego eimí*) que Jesús usó aquí (la Septuaginta también usa *ego eimí* para Dios en Dt. 32:39; Is. 41:4; 43:10, 25; 45:18; 46:4). Jesús estaba aplicando para sí el tetragrámaton (YHWH, que en la versión hispana RVR-1960 aparece transliterado como "Jehová"), el nombre tan sagrado de Dios que los judíos no pronunciaban. A diferencia de sectas modernas (como los Testigos de Jehová), los judíos de la época entendieron perfectamente que Él afirmaba ser Dios. De hecho, estaban tan estupefactos con el uso que Él hizo de ese nombre para referirse a sí mismo (cp. vv. 28, 58) que intentaron lapidarlo por blasfemia (v. 59).

Sin lugar a dudas, el Señor dijo que quienes lo rechazan no se pueden salvar, sino que morirán en sus pecados. Para ser cristiano debe creerse toda la revelación bíblica sobre Jesús: que es la segunda persona eterna de la Trinidad, que entró en el espacio y el tiempo como Dios encarnado, que nació de una virgen, que vivió una vida sin pecado, que su muerte en la cruz fue un sacrificio expiatorio y suficiente por los pecados de quienes creen en Él, que se levantó de los muertos y ascendió al cielo con el Padre, que ahora intercede por su pueblo redimido y que un día regresará en gloria. Rechazar esas verdades es extraviarse "de la sincera fidelidad a Cristo" (2 Co. 11:3), adorar "a otro Jesús" (v. 4), estar bajo la maldición de Dios

(Gá. 1:8-9, NVI) y oír decir al Señor al final: "Nunca os conocí; apartaos de mí, hacedores de maldad" (Mt. 7:23).

Las palabras "si no" presentan la única esperanza de escapar a la ira y al juicio de Dios por el pecado. Como R. C. H. Lenski indica:

> Los pecados de estos hombres los destruirían, pues les robarían la vida eterna solo si no creían en Jesús. La cláusula "si" es evangelio puro, extiende aquí su invitación bendita de nuevo. Pero sigue estando combinada con la advertencia de morir en los pecados. Esta nota de advertencia con su aterradora amenaza persiste porque dichos judíos habían escogido el camino de la incredulidad. Aun así, el "si" abre la puerta de la vida en el muro del pecado.[4]

La falta de voluntad persistente para creer la verdad sobre Jesucristo excluye por naturaleza la posibilidad de perdón, pues la salvación viene solo a través de la fe en Él (3:15-16, 36; 6:40, 47; Hch. 16:31; Ro. 10:9-10; Gá. 3:26; 1 Jn. 5:10-13). Quienes siguen en la incredulidad, negándose a aceptar por fe todo lo que Jesús ha hecho, morirán en sus pecados para siempre (cp. 3:18, 36; He. 2:3). Sin el conocimiento del evangelio de Jesucristo nadie puede salvarse. Por lo tanto, a los creyentes se les encomienda ir por el mundo y predicar a Cristo para todas las personas (Mr. 16:15-16; Lc. 24:47; Hch. 1:8).

"Antes que Abraham fuese, yo soy"

Entonces le dijeron los judíos: Aún no tienes cincuenta años, ¿y has visto a Abraham? Jesús les dijo: De cierto, de cierto os digo: Antes que Abraham fuese, yo soy. Tomaron entonces piedras para arrojárselas; pero Jesús se escondió y salió del templo; y atravesando por en medio de ellos, se fue. (Jn. 8:57-59)

---

4. R. C. H. Lenski, *The Interpretation of St. John's Gospel* (reimpresión; Peabody: Hendrickson, 1998), pp. 145-146.

Los judíos, persistiendo con terquedad en la mala interpretación de las palabras de Jesús, le dijeron: "Aún no tienes cincuenta años, ¿y has visto a Abraham?". Abraham había vivido hacía más de dos milenios, no era posible que Jesús lo hubiera visto. También torcían las palabras de Jesús; el Señor no dijo que Él había visto a Abraham, sino que Abraham le había visto a Él (proféticamente). Debe notarse que la declaración de los judíos no es que Jesús tuviera cincuenta años, sino que le calculaban el máximo. El Señor debía estar al comienzo de sus treinta, pues tendría treinta años cuando comenzó su ministerio (Lc. 3:23).

La solemne respuesta de Jesús: "De cierto, de cierto os digo: Antes que Abraham fuese, yo soy", no era menos que una plena afirmación de deidad. El Señor una vez más se apropió del nombre sagrado de Dios. Obviamente, como Dios eterno (Jn. 1:1-2) existía antes de Abraham. Homer Kent lo explica: "Usando el atemporal 'Yo soy' en lugar del 'Ya era', Jesús no solo transmitía la idea de ser anterior a Abraham, sino de ser atemporal; la misma naturaleza de Dios (Éx. 3:14)".[5]

Los líderes judíos entendieron bien la afirmación de Jesús. En respuesta, su odio ardió hasta la violencia. Enfurecidos por lo que consideraron una blasfemia (cp. 10:33), tomaron la ley en sus manos y recogieron piedras para arrojárselas (cp. Lv. 24:16).

He aquí el poderoso puño de la incredulidad: ni siquiera frente a la evidencia irrefutable estaban dispuestos a aceptar que Jesús, Dios en carne humana, era incapaz de blasfemar; más bien, todas sus afirmaciones, sin importar lo sorprendentes que parecían, eran verdad absoluta. ¡Cuán irónico que los líderes religiosos judíos, al parecer apasionados por la honra de Dios, que estaban listos para lapidar a un blasfemo, estaban acusando al mismo Dios de blasfemar a Dios!

---

5. Homer Kent, *Light in the Darkness* (Grand Rapids: Baker, 1974), pp. 128-129.

Es importante notar que el Señor no protestó que lo hubieran malinterpretado. Claramente, Él estaba afirmando ser Dios. Como aún no había llegado su hora (Jn. 7:30; 8:20; 13:1), Jesús no permitiría que lo mataran; sin embargo, de modo sobrenatural, se escondió y salió del templo (Lc. 4:30).

Como sucedió en esta ocasión, siempre hay solo dos opciones posibles para responder a las afirmaciones de Jesús. La primera es aceptar que son ciertas e inclinarse ante Él en fe humilde y arrepentida, confesándolo como Señor y Salvador. La otra respuesta, ilustrada por los oponentes de Jesús en este pasaje, es el rechazo amargo y endurecido. El resultado trágico y espantoso de tal respuesta será la condenación eterna en el infierno. Como lo advirtió el Señor: "Por eso os dije que moriréis en vuestros pecados; porque si no creéis que yo soy, en vuestros pecados moriréis" (8:24).

Yo soy la puerta de las ovejas

Volvió, pues, Jesús a decirles: De cierto, de cierto os digo: Yo soy la puerta de las ovejas. Todos los que antes de mí vinieron, ladrones son y salteadores; pero no los oyeron las ovejas. Yo soy la puerta; el que por mí entrare, será salvo; y entrará, y saldrá, y hallará pastos. El ladrón no viene sino para hurtar y matar y destruir; yo he venido para que tengan vida, y para que la tengan en abundancia. (Jn. 10:7-10)

Puesto que los líderes religiosos no entendieron la primera figura de lenguaje (relacionada con el pastor en los versículos 1-6), "volvió, pues, Jesús a decirles: De cierto, de cierto os digo: Yo soy la puerta de las ovejas". A veces el pastor dormía a la entrada del redil para cuidar a las ovejas. Nadie podía entrar o salir sino a través de él. En la metáfora de Jesús, Él es la puerta a través de la cual las ovejas entran a la seguridad del redil divino y salen a los pastos ricos de su bendición. Por medio de Él, los pecadores perdidos pueden acercarse al Padre y apropiarse de la salvación que Él les da; solo Jesús es "el camino, y la verdad, y la vida; nadie viene al Padre, sino por [Él]" (14:6; cp. Hch. 4:12; 1 Co. 1:30; 3:11; 1 Ti. 2:5). Solo Jesús es la fuente verdadera del conocimiento de Dios y la salvación, y la base de la seguridad espiritual.

La aseveración del Señor: "Todos los que antes de mí vinieron, ladrones son y salteadores", no incluye, por supuesto, a los verdaderos líderes espirituales de Israel (tales como Moisés, Josué, David, Salomón, Esdras, Nehemías, Isaías, Jeremías, Ezequiel y Daniel, entre otros). Jesús se refería a los falsos pastores de Israel: sus reyes impíos, sus sacerdotes corruptos, sus falsos profetas y falsos mesías. Sin embargo, las ovejas verdaderas no los oyeron; no les prestaron atención y no se extraviaron por ellos (cp. vv. 4 y 5).

Entonces Jesús reiteró la verdad vital del versículo 7: "Yo soy la puerta". Y añadió la promesa: "El que por mí entrare, será salvo". Las ovejas de Cristo experimentarán el amor, el perdón y la salvación divinos; entrarán y saldrán con libertad; siempre teniendo acceso a la bendición y protección de Dios y nunca temiéndole al daño o al peligro. Se sentirán satisfechos con los pastos con los que el Señor los alimenta (cp. Sal. 23:1-3; Ez. 34:15) por medio de su Palabra (cp. Hch. 20:32). En contraste completo con los falsos pastores y ladrones que, como su padre el diablo (8:44), solo vienen para hurtar y matar y destruir a las ovejas, Jesús vino "para que tengan vida, y para que la tengan en abundancia". La expresión "en abundancia" (*perissós*) describe algo que va mucho más allá de lo necesario. El regalo incomparable de la vida eterna excede toda expectativa (Ro. 8:32; 2 Co. 9:15).

YO SOY EL BUEN PASTOR

Yo soy el buen pastor; el buen pastor su vida da por las ovejas. Mas el asalariado, y que no es el pastor, de quien no son propias las ovejas, ve venir al lobo y deja las ovejas y huye, y

el lobo arrebata las ovejas y las dispersa. Así que el asalariado huye, porque es asalariado, y no le importan las ovejas. Yo soy el buen pastor; y conozco mis ovejas, y las mías me conocen, así como el Padre me conoce, y yo conozco al Padre; y pongo mi vida por las ovejas. (Jn. 10:11-15)

La identificación que Jesús hace de sí mismo como el buen pastor apunta de nuevo al pastor verdadero descrito en los versículos 2-5. El texto griego dice literalmente: "El pastor, el bueno", con lo cual separa a Cristo, el Buen Pastor, de los otros pastores. El término griego *kalós* (traducido "bueno") se refiere a su carácter noble (cp. 1 Ti. 3:7; 4:6; 2 Ti. 2:3; 1 P. 4:10). Él es el Pastor auténtico y perfecto, el único en su clase, preeminente sobre todos los demás.

Ser un pastor fiel implicaba voluntad para poner la vida en juego con tal de proteger a las ovejas. Los ladrones y animales salvajes como lobos, leones y osos, eran un peligro constante (cp. 1 S. 17:34; Is. 31:4; Am. 3:12). Pero Jesús, el Buen Pastor, fue mucho más allá de estar dispuesto a arriesgar su vida por sus ovejas; Él, en realidad, "su vida [dio] por las ovejas" (cp. v. 15; 6:51; 11:50-51; 18:14). La frase "su vida da" es única en los escritos juaninos y se refiere siempre a la muerte voluntaria en sacrificio (vv. 15, 17-18; 13:37-38; 15:13; 1 Jn. 3:16). Jesús dio su vida por sus ovejas para que llegaran a ser parte de su rebaño. La preposición "por" (*huper*) se usa con frecuencia en el Nuevo Testamento para referirse a la expiación sustitutiva de Cristo por los elegidos (cp. v. 15; 6:51; 11:50, 51; 18:14; Lc. 22:19; He. 2:9; 1 P. 2:21; 3:18; 1 Jn. 3:16, y a lo largo de las epístolas de Pablo[6]). Su muerte fue una expiación real en propiciación por los pecados de todos los que creyeran, en

---

6. La preposición griega *huper* se refiere a la expiación sustitutiva de Cristo en ocho de las cartas de Pablo: Romanos 5:6, 8; 8:32; 1 Corintios 11:24; 15:3; 2 Corintios 5:14, 15, 21; Gálatas 1:4; 2:20; 3:13; Efesios 5:2, 25; 1 Tesalonicenses 5:9-10; 1 Timoteo 2:6; y Tito 2:14.

tanto fueran llamados y regenerados por el Espíritu, porque tales eran los escogidos del Padre.

En oposición al Buen Pastor, quien da su vida por las ovejas, está "el asalariado y que no es el pastor, de quien no son propias las ovejas, [quien] ve venir al lobo y deja las ovejas y huye, y el lobo arrebata las ovejas y las dispersa" (cp. Mt. 9:36; Mr. 6:34). El asalariado simboliza a los líderes religiosos judíos y, por extensión, a todos los pastores falsos. Son siempre mercenarios, no ministran por amor a las almas de los hombres, ni siquiera por amor a la verdad, sino por dinero (Tit. 1:10-11; 1 P. 5:2; 2 P. 2:3). Por tanto, huyen ante la primera señal de amenaza a su bienestar, porque no les importan las ovejas. Su prioridad es la preservación personal y lo último que les preocupa es sacrificarse por alguien.

Por el contrario, el buen pastor conoce a sus ovejas y cuida de ellas. Ama a sus ovejas y esa es la razón por la que pone su vida por ellas. La palabra "conozco" se usa a menudo en las Escrituras para indicar esa relación de amor. En Génesis 4:1, 17, 25; 19:8; 24:16; 1 S. 1:19, el término "conocer" describe la relación de amor íntimo entre el esposo y la esposa (algunas versiones traducen el verbo "conocer" en esos versículos como "tener relaciones con"). En Amós 3:2, Dios dijo a Israel: "A vosotros solamente he conocido de todas las familias de la tierra", no hablaba como si no fuera consciente de las otras naciones, sino de su relación única de amor con su pueblo. Mateo 1:25 dice literalmente que José "no... conoció" a María hasta después del nacimiento de Jesús. En el día del juicio, Jesús alejará a los incrédulos porque no los conoce; esto es, no tiene una relación de amor con ellos (Mt. 7:23). En estos versículos, "conocer" tiene esa misma connotación de relación amorosa. La verdad simple aquí es que Jesús conoce en amor a los suyos, ellos le conocen en amor a Él, el Padre conoce en amor a Jesús y Él conoce en amor al Padre. Los creyentes se encuentran en medio del afecto íntimo y profundo que se expresan Dios Padre y el Señor Jesucristo (cp. 14:21, 23; 15:10).

YO SOY LA RESURRECCIÓN Y LA VIDA

Le dijo Jesús: Yo soy la resurrección y la vida; el que cree en mí, aunque esté muerto, vivirá. Y todo aquel que vive y cree en mí, no morirá eternamente. ¿Crees esto? (Jn. 11:25-26)

Estos versículos recogen parte de la conversación entre Jesús y Marta, cuatro días después de la muerte de Lázaro, el hermano de Marta y María, y justo unos momentos antes de que Jesús lo resucitara de entre los muertos.

Retando a Marta a ir más allá de la creencia abstracta en la resurrección final para completar su fe en Él, "le dijo Jesús: Yo soy la resurrección y la vida". Esta es la quinta de las siete afirmaciones de deidad "YO SOY" en el Evangelio de Juan (6:35; 8:12; 10:7, 9, 11, 14; 14:6; 15:1, 5). El enfoque de Marta estaba en el final de los tiempos, pero el tiempo no es obstáculo para Aquel que tiene el poder de la resurrección y la vida (cp. 5:21, 26). Jesús levantará a los muertos en la resurrección futura de la que hablaba Marta. Pero también iba a resucitar a su hermano inmediatamente. El Señor la llamó a confiar en Él como el único que tiene poder sobre la muerte.

Las dos siguientes declaraciones de Jesús no son redundantes: "El que cree en mí, aunque esté muerto, vivirá. Y todo aquel que vive y cree en mí, no morirá eternamente". Estas enseñan dos verdades separadas, aunque relacionadas. El que cree en Jesús, aunque esté muerto físicamente, vivirá porque Él lo levantará en el día postrero (5:21, 25-29; 6:39-40, 44, 54). Y como todo aquel que vive y cree en Él tiene vida eterna (3:36; 5:24; 6:47, 54), no morirá eternamente en lo espiritual pues la muerte física no puede extinguir la vida eterna. De aquí que quien confíe en Cristo pueda decir exultante: "¿Dónde está, oh muerte, tu aguijón? ¿Dónde, oh sepulcro, tu victoria?" (1 Co. 15:55).

Con el reto de Jesús a Marta, "¿Crees esto?", no le estaba preguntando si creía que estaba a punto de resucitar a su hermano. El Señor la estaba llamando personalmente a creer que solo Él era la fuente del poder de la resurrección y la vida eterna. R. C. H. Lenski escribe:

> Creer "esto" es creer lo que Él dice de sí mismo; luego, es creer "en Él". Una cosa es oír, razonar y argumentar sobre algo; otra bien diferente es creerlo, aceptarlo, confiar en ello. Creer es recibir, asir, disfrutar la realidad y el poder, con todo lo que implica en alegría, consuelo, paz y esperanza. La medida de nuestra creencia —que no es la medida de nuestras posesiones— sigue siendo la medida para disfrutar la resurrección y la vida, porque la fe más pequeña tiene completamente a Jesús, quien es estas cosas.[7]

Dado su amor infinito por el alma de Marta, Jesús le señaló la única fuente de la vida espiritual y bienestar: Él.

La afirmación de Marta, de fe en Jesús, está al mismo nivel que otras grandes confesiones de su identidad en los Evangelios (1:49; 6:69; Mt. 14:33; 16:16). Anticipa el propósito declarado de Juan al escribir su Evangelio: "Pero éstas se han escrito para que creáis que Jesús es el Cristo, el Hijo de Dios, y para que creyendo, tengáis vida en su nombre" (20:31). Marta declaró enfáticamente (el texto griego tiene el pronombre personal, además del verbo) tres verdades vitales sobre Jesús: como Andrés (1:41), confesó que Él era el Cristo o Mesías; como Juan el Bautista (1:34), Natanael (1:49) y los discípulos (Mt. 14:33), afirmó que era el Hijo de Dios; finalmente, como lo predecía el Antiguo Testamento (cp. Is. 9:6; Mi. 5:2), se refirió a Él como el que "ha venido al mundo", el libertador enviado por Dios (Lc. 7:19-20; cp. Jn. 1:9; 3:31; 6:14).

---

7. Lenski, *The Interpretation of St. John's Gospel*, p. 803.

Yo soy el camino, y la verdad, y la vida

Jesús le dijo: Yo soy el camino, y la verdad, y la vida; nadie viene al Padre, sino por mí. (Jn. 14:6)

Como sus palabras demuestran claramente, solo Jesús es el camino a Dios porque solo Él es la verdad sobre Dios (Jn. 1:14, 17; 18:37; Ap. 3:7; 19:11) y solo Él posee la vida de Dios (Jn. 1:4; 5:26; 11:25; 1 Jn. 1:1; 5:20). La Biblia enseña que solo es posible acercarse a Dios mediante su Hijo unigénito. Jesús es "la puerta de las ovejas" (10:7); todos los demás son ladrones y salteadores (v. 8); solo quien "por [Él] entrare, será salvo" (v. 9). El camino de la salvación es estrecho y entra por una puerta pequeña y angosta que pocos encuentran (Mt. 7:13-14; cp. Lc. 13:24). Pedro afirmó con audacia: "Y en ningún otro hay salvación; porque no hay otro nombre bajo el cielo, dado a los hombres, en que podamos ser salvos" (Hch. 4:12). Así, "el que cree en el Hijo tiene vida eterna; pero el que rehúsa creer en el Hijo no verá la vida, sino que la ira de Dios está sobre él" (Jn. 3:36) y "nadie puede poner otro fundamento que el que está puesto, el cual es Jesucristo" (1 Co. 3:11), porque "hay un solo Dios, y un solo mediador entre Dios y los hombres, Jesucristo hombre" (1 Ti. 2:5).

La creencia posmoderna de que hay muchos caminos a la verdad religiosa es una mentira satánica. F. F. Bruce escribe:

> Él [Jesús] es, en efecto, el único camino por el cual los hombres y las mujeres pueden llegar al Padre; no hay otro camino. Si parece una exclusión ofensiva, téngase en cuenta que quien hace esta afirmación es la Palabra encarnada, el revelador del Padre. Si Dios no tiene otra vía de comunicación con la humanidad aparte de su Palabra... la humanidad no tiene otra vía para acercarse a Dios sino esa misma Palabra que se hizo carne y habitó entre nosotros para proporcionar tal vía de acercamiento.[8]

---

8. Bruce, *The Gospel of John*, p. 298.

Solo Jesús revela a Dios (Jn. 1:18; cp. 3:13; 10:30-38; 12:45; 14:9; Col. 1:15, 19; 2:9; He. 1:3) y quien rechace su proclamación de la verdad no puede afirmar con legitimidad que conoce a Dios (Jn. 5:23; 8:42-45; 15:23; Mt. 11:27; 1 Jn. 2:23; 2 Jn. 9). Al cristianismo se le llamó "el Camino" porque los cristianos enseñaron que Jesucristo era el único camino a la salvación (Hch. 9:2; 19:9, 23; 22:4; 24:14, 22).

Yo soy la vid verdadera

Yo soy la vid verdadera, y mi Padre es el labrador… Yo soy la vid, vosotros los pámpanos; el que permanece en mí, y yo en él, éste lleva mucho fruto; porque separados de mí nada podéis hacer. (Jn. 15:1, 5)

Jesús presentó esta analogía a sus discípulos en el aposento alto, la noche antes de su muerte. Era un momento de drama intenso. Uno de los doce hombres más cercanos a Él, Judas Iscariote, ya había salido para vender al Señor a las autoridades judías y poner en movimiento los sucesos que llevaron al arresto y asesinato de Jesús (13:26-30). El Señor y los otros once discípulos estaban a punto de salir del aposento alto para Getsemaní, donde Cristo agonizaría en oración al Padre y donde luego lo arrestarían.

La verdad central que Él quería comunicar mediante esta analogía es la importancia de permanecer en Él (vv. 4-7, 9-10). En el sentido más básico, la permanencia o no de una persona en Cristo revela si es, o no, salvo (vv. 2, 6). Debe decirse que esta premisa simple y obvia rescata el texto de muchas malas interpretaciones innecesarias. Y es según el grado en que los redimidos permanezcan en Cristo que pueden dar fruto espiritual.

El verbo "permanecer" (*méno*) describe algo que sigue donde está, continúa en un estado fijo o perdura. En este contexto, la palabra se refiere a mantener una comunión ininterrumpida con

Jesucristo. "Permaneced en mí", el mandamiento de Jesucristo, es sobre todo una petición a los falsos discípulos para que se arrepientan y expresen fe verdadera en Él. También sirve para animar a los creyentes genuinos a permanecer en Él en el sentido más completo, profundo y total.

Jesús, siempre el narrador experto, tejió en su analogía todas las figuras clave de los eventos en aquella noche: Él es la vid, el Padre es el labrador, las ramas que permanecen ilustran a los once y a los otros discípulos verdaderos, y las ramas que no permanecen describen a Judas y a todos los discípulos falsos como él. Una última vez, antes de su muerte, Jesús advertía sobre seguir el patrón de Judas. Retó a todos los que creían en Él a demostrar cuán auténtica era su fe mediante una fe duradera en Él.

Dicha a solo unas pocas horas de su muerte, esta es la última de las siete declaraciones "YO SOY" del Evangelio de Juan en las que se afirma la deidad de Cristo (6:35; 8:12; 10:7, 9, 11, 14; 11:25; 14:6; cp. 8:24, 28, 58; 13:19; 18:5-6). Jesús, siendo Dios en carne humana, señaló hacia Él como la fuente de la vida, vitalidad, crecimiento y productividad espiritual.

La palabra "verdadera" (*alethinós*) se refiere a lo que es real, no a un tipo (cp. He. 8:2; 9:24); a lo perfecto, diferenciado de lo imperfecto o a lo genuino a diferencia de lo falsificado (cp. 1 Ts. 1:9; 1 Jn. 5:20; Ap. 3:7, 14; 6:10; 19:11). Jesús es la vid verdadera en el mismo sentido en que es la luz verdadera (Jn. 1:9), la revelación final y completa de la verdad espiritual y el pan verdadero del cielo (Jn. 6:32), la fuente final y única del sustento espiritual.

El gran "Yo soy"

Judas, pues, tomando una compañía de soldados, y alguaciles de los principales sacerdotes y de los fariseos, fue allí con linternas y antorchas, y con armas. Pero Jesús, sabiendo todas las cosas que le habían de sobrevenir, se adelantó y les dijo:

¿A quién buscáis? Le respondieron: A Jesús nazareno. Jesús les dijo: Yo soy. Y estaba también con ellos Judas, el que le entregaba. Cuando les dijo: Yo soy, retrocedieron, y cayeron a tierra. (Jn. 18:3-6; cp. v. 8)

Cuando Judas y los soldados llegaron para arrestarle, Jesús, la pretendida víctima, se hizo cargo de la situación y les dijo: "¿A quién buscáis?". Le respondieron (probablemente los líderes, quizás declarando las órdenes oficiales): "A Jesús nazareno". El Señor les dijo: "Yo soy". Como había hecho en ocasiones anteriores (p. ej., 8:24, 28, 58), Jesús tomó para sí el nombre de Dios en Éxodo 3:14: "YO SOY".

Antes de narrar la sorprendente respuesta de la multitud a las palabras de Jesús, Juan inserta una declaración parentética: "Y estaba también con ellos Judas, el que le entregaba". Este detalle, en apariencia insignificante, vuelve a enfatizar el dominio absoluto de Jesús sobre las circunstancias. Juan quiere dejar claro que Judas era tan solo uno de aquellos que experimentaron lo que estaba a punto de ocurrir. Judas no tenía ningún poder sobre Jesús (cp. 19:11), cayó al suelo con el resto de los presentes.

Cristo demostró su dominio divino de manera sorprendente. Inmediatamente después de que les dijo: "Yo soy, retrocedieron, y cayeron a tierra". Lo único que hizo Jesús fue decir su nombre —el nombre de Dios— y sus enemigos quedaron indefensos. Claramente, la demostración sorprendente de su poder revela que ellos no capturaron a Jesús. Él fue con ellos voluntariamente para ejecutar el plan divino de redención que requería su muerte en sacrificio.

Para ilustrar cuánta necedad hay en la incredulidad, algunos argumentan que aquí no hay poder sobrenatural. La aparición repentina de Jesús en las sombras, sostienen ellos, sorprendió a quienes estaban al frente de la columna. Luego se echaron para atrás y tumbaron a los que estaban detrás, quienes a su vez tumbaron a los de más atrás, hasta que toda la columna se fue al suelo. Pero la guardia del templo y los soldados romanos estaban preparados para los problemas (cp. Mt. 26:55). Con toda seguridad ellos se habían esparcido, tanto para defenderse contra ataques de los seguidores de Jesús como para cortar cualquier intento de escape de su parte. Pensar que cientos de guardias experimentados y soldados bien entrenados estuvieran tan cerca que cayeran como fichas de dominó es ridículo.

La Biblia habla repetidas veces del poder de la palabra divina hablada. Él habló y los cielos y la tierra fueron creados (Gn. 1:3, 6, 9, 11, 14, 20, 24, 26; cp. Sal. 33:6), Satanás y la humanidad fueron juzgados (Gn. 3:14-19), la generación de israelitas rebeldes murió en el desierto (Nm. 26:65) e Israel estuvo exiliado por setenta años (2 Cr. 36:21). Cuando el Señor Jesucristo regrese, ejecutará el juicio sobre sus enemigos "con la espada que salía de [su] boca" (Ap. 19:21; cp. v. 15; 1:16; 2:16).

El relato de Juan resalta el poder divino de Cristo, pues, por su palabra, sus enemigos cayeron de espaldas al suelo. Este es el poder del gran YO SOY, de Emanuel, "Dios con nosotros". Él es el Rey de gloria.

AFIRMACIONES APOSTÓLICAS DE LA DEIDAD DE CRISTO

Pasajes seleccionados de las Escrituras

El estudio de otros textos bíblicos adicionales demuestra el amplio testimonio de los apóstoles sobre la deidad de Jesucristo. En este apéndice vamos a considerar el testimonio de Tomás, Pablo, el autor de Hebreos, Pedro y Juan.

El testimonio de Tomás

Ocho días después, estaban otra vez sus discípulos dentro, y con ellos Tomás. Llegó Jesús, estando las puertas cerradas, y se puso en medio y les dijo: Paz a vosotros. Luego dijo a Tomás: Pon aquí tu dedo, y mira mis manos; y acerca tu mano, y métela en mi costado; y no seas incrédulo, sino creyente. Entonces Tomás respondió y le dijo: ¡Señor mío, y Dios mío! Jesús le dijo: Porque me has visto, Tomás, creíste; bienaventurados los que no vieron, y creyeron. (Jn. 20:26-29)

No todos los apóstoles habían estado en la primera aparición del Cristo resucitado que encontramos en Juan 20:19-23. Especialmente, Tomás no estaba con ellos cuando Jesús se presentó (cp. 20:24).

"Ocho días después, estaban otra vez sus discípulos dentro, y con ellos Tomás". Una vez más, las puertas estaban cerradas y, una vez más, se demostró que eso no limitaba al Señor resucitado. Como Jesús lo había hecho ocho días antes, llegó y se puso en medio de ellos. Escogió a Tomás inmediatamente. Jesús, siempre el sumo sacerdote compasivo (He. 4:15), le dijo amorosa y amablemente: "Pon aquí tu dedo, y mira mis manos; y acerca tu mano, y métela en mi costado; y no seas incrédulo, sino creyente".

El Señor tocó a Tomás en su punto de debilidad y duda, sin represiones porque sabía que el error de Tomás estaba relacionado con su amor profundo. Con compasión paciente le dio a Tomás la prueba empírica que había demandado.

Eso fue suficiente para Tomás; su escepticismo endurecido se disolvió para siempre a la luz de la evidencia irrefutable de la persona que lo confrontaba. Abrumado, hizo la que es tal vez la más grande confesión de cualquier apóstol, comparable solo a la de Pedro sobre Jesús como Mesías (Mt. 16:16), exclamando: "¡Señor mío, y Dios mío!". Es significativo que Jesús no lo corrigió, sino que aceptó la afirmación de deidad que hizo Tomás. De hecho, alabó a Tomás por su fe diciendo: "Porque me has visto, Tomás, creíste". Pero anticipando el tiempo en el que la evidencia tangible y física que Tomás vio no estuviera disponible, el Señor determinó: "Bienaventurados los que no vieron, y creyeron" (cp. 2 Co. 5:7; 1 P. 1:8-9).

La confesión de Tomás y la respuesta de Cristo se ajustan para llevar a la declaración de resumen juanina sobre el objetivo y propósito al escribir su Evangelio: "Hizo además Jesús muchas otras señales en presencia de sus discípulos, las cuales no están escritas en este libro, pero éstas se han escrito para que creáis que Jesús es el Cristo, el Hijo de Dios, y para que creyendo, tengáis vida en su nombre". Creer que Jesucristo es Dios encarnado (1:1, 14), el Cordero de Dios que quita el pecado del mundo (1:29) y la resurrección y la vida (11:25), es creer la verdad que una vez aceptada produce perdón de pecados y vida eterna (3:16)

El testimonio de Pablo

Romanos 9:5

...de los cuales, según la carne, vino Cristo, el cual es Dios sobre todas las cosas, bendito por los siglos. Amén.

Israel recibió el privilegio de proveer el linaje por medio del cual, según la carne, vino Cristo. Jesucristo no nació judío por casualidad, sino que su nacimiento como descendiente humano de Abraham y David fue preordenado. Por esa razón, Mateo presenta la genealogía de José, el padre adoptivo de Jesús (Mt. 1:1-17) y Lucas incluye la genealogía de su madre natural, María (Lc. 3:23-38). Como se indicó arriba, Jesús mismo dijo a la mujer samaritana que "la salvación viene de los judíos" y que Él era el Mesías judío prometido quien venía a ofrecer salvación a toda la humanidad (Jn. 4:22-26).

Para concluir este recuento abreviado pero completo de las bendiciones especiales de Israel, Pablo declara que Jesucristo, su bendición más grande que todas las demás reunidas, la única bendición que daba sentido y dirección a las demás, "es Dios sobre todas las cosas, bendito por todos los siglos. Amén".

Esas palabras no son tanto una expresión de bendición como una afirmación de la majestad y el señorío divinos de Cristo. Sin excepción alguna en las Escrituras, tanto en el Antiguo Testamento hebreo como en el Nuevo Testamento griego, en una doxología siempre se coloca la palabra "bendito" *antes* del nombre de Dios. Aquí, en cambio, Pablo emplea la forma inversa, "Dios... bendito", lo cual indica que sin duda alguna el apóstol iguala intencionalmente a Cristo con Dios. La partícula que antecede a Dios es "el cual", y el antecedente de "el cual" es Cristo, no hay confusión al respecto.

Él fue su bendición suprema, ¡y sin embargo ellos le rechazaron! Una trágica incredulidad que compungió el corazón de Pablo y también afligía el corazón de Dios.

Filipenses 2:5-6

...Cristo Jesús, el cual, siendo en forma de Dios, no estimó el ser igual a Dios como cosa a que aferrarse,

En su encarnación, el Señor Jesús dejó humildemente su trono celestial para nacer en un establo terrenal, caminar entre pecadores y morir en una cruz por aquellos que Él vino a salvar. Ese paso de humillación de Jesús desde su posición exaltada se ve en la verdad de que Él existía "en forma de Dios". Antes, durante y después de su encarnación, Él era, por naturaleza, de forma plena y eterna, Dios. "Siendo" es la traducción de un participio presente activo del verbo compuesto *huparjó*, que está formado por *hupo* ("bajo") y *arjé* ("principio") y denota la continuación de un estado o existencia previos. Subraya la esencia de la naturaleza de una persona, la que es absolutamente inalterable, inalienable e inmutable. William Barclay comenta que el verbo se refiere a "lo que es una persona en su propia esencia y que no puede cambiarse".[1]

Jesucristo era desde la eternidad sin alteración alguna, y siempre será, en forma de Dios. La palabra traducida "forma" (*morfé*) se refiere a la manifestación externa de una realidad interna. La idea es que, antes de la encarnación, desde la eternidad, Jesús preexistía en forma de Dios, siendo igual a Dios el Padre en todo. Por su misma naturaleza y ser interior, Jesucristo es, ha sido siempre, y será siempre plenamente divino.

La palabra griega *sjéma* también se traduce muchas veces

1. William Barclay, *Comentario al Nuevo Testamento* (Viladecavalls: Editorial Clie, 1999), p. 741.

"forma", pero el significado difiere mucho del de *morfé*. Como señala Barclay:

> *Morfé* es la forma esencial que nunca cambia; *sjéma* es la forma exterior que cambia con el tiempo y las circunstancias. Por ejemplo, la *morfé* de cualquier ser humano es su humanidad, y eso nunca cambia; pero su *sjéma* está cambiando constantemente. Un bebé, un niño, un chico, un joven, un hombre adulto, un anciano siempre tienen la *morfé* de la humanidad; pero su *sjéma* exterior está cambiando todo el tiempo.[2]

"Ser igual a Dios" es sinónimo de la frase anterior "en forma de Dios". Al repetir la declaración de la verdadera naturaleza y esencia de Cristo, Pablo recalca su absoluta e incontestable realidad. Es interesante que *isos* ("igual") está en una forma plural (*isa*, "iguales"), lo cual sugiere que Pablo podría referirse a cada aspecto de la deidad de Jesús. El término alude a una equivalencia exacta. Al hacerse hombre, Jesús no perdió ni quedó disminuida en absoluto la realidad de ser igual a Dios.

Durante su ministerio terrenal, Jesús nunca negó ni desestimó su deidad. Él fue claro en reconocer su unión y dependencia divina como Hijo de su Padre (Jn. 5:17-18; 10:30, 38; 14:9; 17:1, 21-22; 20:28). Con todo, nunca usó su poder ni autoridad para provecho personal, porque dichas prerrogativas de su divinidad no eran "como cosa a que aferrarse". Él estuvo dispuesto a sufrir la peor humillación posible antes que exigir el honor, el privilegio y la gloria que le pertenecían. Tampoco usó los poderes de su deidad soberana y permanente para resistirse al propósito de su Padre porque el precio fuera demasiado alto. Él pudo haber acudido a su Padre en cualquier momento y recibir de inmediato "más de doce legiones de ángeles" que lo defendieran (Mt. 26:53).

---

2. Ibíd.

No obstante, eso habría frustrado el plan de su Padre con el que estaba de acuerdo, y por tanto rehusaría hacerlo.

Colosenses 1:15

Él es la imagen del Dios invisible, el primogénito de toda creación.

En el capítulo 2 estudiamos este versículo en detalle como parte de la discusión de los versículos 15-19 y señalamos que "Jesucristo ha sido [la imagen de Dios] desde toda la eternidad". Jesús es primogénito en preeminencia y prioridad, como Dios describe al Mesías en el Salmo 89:27, cuando de Él dice: "Yo también le pondré por primogénito, el más excelso de los reyes de la tierra". El rango de primogénito no es un rango de orden de nacimiento, porque Jesús no nació ni fue creado. Es un rango de prioridad. Jesús es el "nombre sobre todo nombre".

Colosenses 2:9-10

Porque en él habita corporalmente toda la plenitud de la Deidad, y vosotros estáis completos en él, que es la cabeza de todo principado y potestad.

Este es uno de los pasajes más edificantes de todas las Escrituras. Presenta la majestad gloriosa de la persona de Cristo y su completa suficiencia. El versículo 9 constituye quizás la declaración más contundente de la deidad de Cristo que se encuentra en las epístolas. Es la roca sobre la cual todos los intentos de negar la deidad de Cristo quedan hechos pedazos. Es obvio que había herejes que negaban que Cristo fuera Dios, y este era el elemento más funesto y perturbador de su falsa enseñanza, como lo es en cualquier sistema de falsa doctrina.

Esta falsa doctrina formaba parte del sistema religioso ideado por Satanás y difundido por las personas cuyo contenido estaba en franca contradicción a la revelación de las Escrituras acerca de Cristo. Como todos los sistemas religiosos falsos, es incapaz de salvar. Este es el punto culminante de su carácter letal. Solo en Cristo "habita corporalmente toda la plenitud de la Deidad". Solo Él tiene el poder para salvar. La palabra "plenitud" (*pléroma*) es la misma palabra utilizada en 1:19. Era un término utilizado por los herejes colosenses. Estos creían que la *pléroma* divina estaba dividida en su manifestación a través de sus diversas emanaciones. Cada una tenía una parte según su posición dentro de la escalera descendente de lo bueno a lo malo. Pablo, sin embargo, insiste en afirmar que toda la plenitud de la Deidad, no una parte de ella, está en Cristo. El verbo "habita" (*katoikéo*) significa "radicarse y estar en casa". El tiempo presente utilizado indica que la esencia de la deidad habita continuamente en Cristo.

"Deidad" es una palabra que recalca la naturaleza divina. Esta naturaleza divina que habitó continuamente en Jesucristo no fue alguna luz divina que lo alumbró durante un tiempo, sino que era suya. Él es Dios en toda su dimensión, y lo es para siempre. Y siendo quien posee "toda la plenitud de la Deidad", Cristo "es la cabeza de todo principado y potestad". Él no es uno más entre otros seres de una serie de emanaciones que proceden de Dios, como suponían los falsos maestros. Antes bien, Él es Dios mismo y, como tal, la cabeza sobre todo el reino angelical.

Parece que los falsos maestros de Colosas también enseñaban una forma de dualismo filosófico mediante el cual postulaban que el espíritu era bueno y la materia mala. Por esto, para ellos era impensable que Dios habitara un cuerpo humano. Pablo refuta esta falsa doctrina señalando que "toda la plenitud de la Deidad" habita en Cristo corporalmente. Aquel que se revistió de naturaleza humana en Belén conservará esa humanidad por toda la eternidad. Será para siempre Dios-hombre.

Tito 2:13

[Estamos] aguardando la esperanza bienaventurada y la manifestación gloriosa de nuestro gran Dios y Salvador Jesucristo,

La frase "nuestro gran Dios y Salvador Jesucristo" es una de las muchas declaraciones sin rodeos en las Escrituras sobre la deidad de Jesucristo (véase, por ejemplo, Jn. 1:1-18; Ro. 9:5; He. 1:1-3). Algunos intérpretes sostienen que en este pasaje las palabras "Dios" y "Salvador" se refieren a seres diferentes, y que la primera expresión ("gran Dios") corresponde al Padre divino mientras que la segunda (Salvador) alude al Hijo humano, Jesucristo. Sin embargo, esa explicación tiene varios problemas insuperables. Además de las otras afirmaciones claras de la divinidad de Cristo en las Escrituras, existen varias razones gramaticales en el texto mismo. Primero, solo hay un artículo definido ("el", *tou*), que indica la singularidad e identidad de Dios y Salvador. Segundo, los dos pronombres singulares en el versículo siguiente ("quien", *hos* y "sí mismo", *heauton*) se refieren a una sola y la misma persona. Además, aunque el Antiguo Testamento hace referencias incontables a Dios el Padre como gran Dios, en el Nuevo Testamento esa descripción ("gran", "grande") solo se emplea con referencia a Dios el Hijo (véase, por ejemplo, Mt. 5:35; Lc. 1:32; 7:16; He. 10:21; 13:20). Quizás lo más importante es que el Nuevo Testamento no habla en ninguna parte de la manifestación o segunda venida de Dios el Padre, sino solo de Dios el Hijo.

EL TESTIMONIO DEL AUTOR DE HEBREOS

Hebreos 1:2-3

...en estos postreros días nos ha hablado por el Hijo, a quien constituyó heredero de todo, y por quien asimismo hizo el universo; el cual, siendo el resplandor de su gloria, y la imagen

misma de su sustancia, y quien sustenta todas las cosas con la palabra de su poder,

Cuando se plantea la cuestión de quién fue realmente Jesucristo, algunas personas dirán que Él era un buen maestro, otros dirán que era un fanático religioso, otros dirán que era un falso, y algunos dirán que era un criminal, un fantasma o un revolucionario político. Es probable que otros crean que Él era la forma más elevada de la humanidad, que tenía una chispa de divinidad que Él la avivó en llamas, una chispa, afirman, que todos nosotros rara vez avivamos. Hay innumerables explicaciones humanas sobre quién fue Jesús. En estos versículos aprendemos lo que Dios dice acerca de quién era Jesús, y lo que *es*.

"...en estos postreros días nos ha hablado por el Hijo, a quien constituyó heredero de todo". Si Jesús es el Hijo de Dios, es el heredero de todo lo que Dios posee. Todo lo que existe hallará su significado verdadero solo cuando esté bajo el control final de Jesucristo.

Hasta los Salmos predecían que un día Él sería el heredero de todo lo que Dios posee. "'He establecido a mi rey sobre Sion, mi santo monte'. Yo proclamaré el decreto del Señor: 'Tú eres mi hijo', me ha dicho; 'hoy mismo te he engendrado'" (Sal. 2:6-7, NVI). Y continúa diciendo: "Pídeme, y como herencia te entregaré las naciones; ¡tuyos serán los confines de la Tierra! Las gobernarás con puño de hierro; las harás pedazos como a vasijas de barro" (Sal. 2:8-9, NVI). Y vuelve a decir: "Yo también le pondré por primogénito, el más excelso de los reyes de la Tierra" (Sal. 89:27). Aquí "primogénito" no significa que Cristo no existiera antes de que naciera como Jesús en Belén. No se trata en absoluto de un término cronológico; más bien, sí tiene todo que ver con derechos legales, especialmente los de herencia y autoridad. En los últimos días, Jesucristo recibirá por fin y eternamente el reino destinado de Dios.

Pablo explica que Cristo no solo creó todas las cosas, sino que las cosas fueron creadas *para* Cristo (Col. 1:16) y que "de él, y por él, y para él, son todas las cosas. A él sea la gloria por los siglos. Amén" (Ro. 11:36). Todo lo que existe, existe para Jesucristo. ¿Qué verdad prueba mejor su igualdad con Dios?

En su primer sermón en Pentecostés, Pedro dijo a sus oyentes judíos: "Por tanto, sépalo bien todo Israel que a este Jesús, a quien ustedes crucificaron, Dios lo ha hecho Señor y Mesías" (Hch. 2:36, NVI). En efecto, el carpintero que murió clavado en una cruz es el Rey de reyes y Señor de señores. Él gobernará el mundo. Satanás sabía esta verdad cuando se acercó a Jesús en el desierto y lo tentó con tomar el control del mundo de la manera equivocada: inclinándose ante él. Siendo Satanás el usurpador del gobierno de Dios sobre la Tierra, él intenta continuamente evitar por todos los medios que el Heredero verdadero reciba su herencia.

Cuando Cristo vino por primera vez a la Tierra, "por amor a vosotros se hizo pobre, siendo rico, para que vosotros con su pobreza fueseis enriquecidos" (2 Co. 8:9). No tenía nada para sí. No tenía "dónde recostar la cabeza" (Lc. 9:58). Hasta de la ropa le despojaron cuando murió. Lo enterraron en una tumba que pertenecía a otra persona. Pero cuando Cristo vuelva de nuevo a la Tierra, heredará todas las cosas completa y eternamente. Y, ¡oh, grata sorpresa! por haber confiado en Él seremos "coherederos con Cristo" (Ro. 8:16-17). Cuando entremos en su reino eterno, poseeremos conjuntamente todo lo que Él posee. No seremos cristos o señores junto con Él, pero seremos coherederos con Él. Su herencia maravillosa también será nuestra.

El autor de Hebreos continúa describiendo la actividad creadora de Jesús: "y por quien asimismo hizo el universo". Cristo es el agente por medio del cual Dios creó el mundo. "Todas las cosas por él fueron hechas, y sin él nada de lo que ha sido hecho, fue hecho" (Jn. 1:3). Una de las más grandes pruebas de la divinidad de Jesús es su capacidad para crear. Excepto por su completa ausencia de pecado, su justicia total, nada lo separa más de nosotros que su capacidad de creación. La capacidad para crear pertenece solo a Dios, y el hecho de que Jesús pueda crear indica que Él es Dios. Él creó todo lo material y todo lo espiritual. Aunque el hombre ha manchado su obra con el pecado, Cristo en el principio lo hizo todo bueno, y esa creación anhela la restauración a cómo eran las cosas en el principio (Ro. 8:22).

La palabra griega para "universo" es *kósmos*, pero no es esta la palabra que aparece en Hebreos 1:2. Aquí la palabra es *aiónas*, que no significa el mundo material, sino "los siglos", como suele traducirse. No solamente es Jesucristo responsable por la Tierra física; también es responsable por la creación del tiempo, el espacio, la materia y la energía. Cristo creó todo el universo y todo lo que lo hace funcionar, y lo hizo sin esfuerzo.

Como se indicó en el capítulo 2, la inmensidad de nuestro universo es asombrosa. El sol está aproximadamente a 150 millones de kilómetros de la Tierra. Nuestra estrella más cercana, Alfa Centauro, está a mucha más distancia y es cinco veces más grande que nuestro sol. Un rayo de luz viaja a casi 300 mil kilómetros por segundo, de modo que un destello de luz llegaría a la luna en tan solo segundo y medio. Si pudiéramos viajar a esa velocidad, nos tomaría 2 minutos y 18 segundos llegar a Venus, 4 minutos y medio llegar a Mercurio, 1 hora y 11 segundos llegar a Saturno, y así sucesivamente. Habiendo llegado tan lejos, aún estaríamos dentro del sistema solar. Viajar hasta la Alfa Centauro, nuestra estrella más cercana, nos requeriría 4,37 *años*. Más realista, si usamos para el viaje un transbordador espacial estadounidense, podríamos llegar a la Alfa Centauro en 165.000 años.[3] La estrella Betelgeuse está

---

3. Samantha Mathewson, "Proxima by the Numbers: Possibly Earth-Like World at the Next Star Over", 24 de agosto de 2016; www.space.com/33837-earth-like-planet-proxima-centauri-numbers.html.

a más de 1,4 trillones de kilómetros de nosotros (1,4 trillones es 14 seguido de 17 ceros).

¿De dónde salió todo esto? ¿Quién lo concibió? ¿Quién lo hizo? No puede ser un accidente. Alguien tuvo que hacerlo, y la Biblia nos dice que el Hacedor fue Jesucristo.

En Hebreos 1:3, el autor continúa observando el resplandor de Cristo, el resplandor de la gloria de Dios. "El cual, siendo el resplandor de su gloria". Aquí "resplandor" (*apaúgasma*, "envío de luz") representa a Jesús como la manifestación de Dios. Él nos revela a Dios. Tal como los rayos del sol iluminan y calientan la Tierra, así también Jesucristo es la luz gloriosa de Dios que brilla en los corazones de los hombres. Tal como el sol no dejó nunca de brillar y no puede separarse de su brillo, Dios tampoco estuvo sin la gloria de Cristo y no se puede separar de ella. Dios nunca estuvo sin Cristo ni Cristo sin Él, y nunca, de ninguna forma, se puede separar de Dios. Sin embargo, el brillo del sol no es el sol. Cristo tampoco es Dios en ese sentido. Él es Dios completa y absolutamente, pero es una Persona distinta.

Nunca podríamos ver o disfrutar la luz de Dios si no tuviéramos a Jesús para verlo a Él. Jesús dijo una vez, estando en el templo, "Yo soy la luz del mundo; el que me sigue, no andará en tinieblas, sino que tendrá la luz de la vida" (Jn. 8:12). Jesucristo es el resplandor de la gloria de Dios, y Él puede transmitir esa luz en nuestras vidas, para que a su vez nosotros podamos alumbrar con la gloria de Dios. Vivimos en un mundo de oscuridad. A este mundo oscuro envió Dios su Luz gloriosa. Sin el Hijo de Dios, solo hay oscuridad.

El autor de Hebreos continúa describiendo al Señor Jesucristo: "[Él es] la imagen misma de su sustancia". Jesucristo es la imagen expresa de Dios. Cristo no era solamente la manifestación de Dios, era Dios en sustancia.

"La imagen misma" es la traducción del término griego que se usa para la impresión hecha con un sello o estampilla. El diseño del sello se reproduce en la cera. Jesucristo es la reproducción de Dios. Él es la impresión personal y perfecta de Dios en el tiempo y el espacio. Colosenses 1:15 ofrece una ilustración semejante para esta verdad incomprensible: "Él es la imagen del Dios invisible". Aquí, la palabra "imagen" es *eikón*, de la cual se deriva "ícono". *Eikón* quiere decir "copia precisa", "reproducción exacta", como en una buena escultura o retrato. Llamar a Cristo el *Eikón* de Dios significa que Él es la reproducción exacta de Dios. "Porque en él habita corporalmente toda la plenitud de la Deidad" (Col. 2:9).

Cristo no solo creó todas las cosas y un día heredará todas las cosas, sino que, mientras tanto, también las mantiene todas juntas. Como explica el autor bíblico: Él "sustenta todas las cosas con la palabra de su poder". La palabra griega para sustentar quiere decir "apoyar, mantener", y aquí se usa en tiempo presente para implicar una acción continua. Jesucristo en este momento es quien sustenta todas las cosas en el universo.

Las cosas no ocurren por accidente en nuestro universo. No sucedieron por accidente en el principio. No van a ocurrir por accidente en el final y no están ocurriendo por accidente en este momento. Jesucristo es quien sustenta el universo. Él es el principio de la cohesión. No es el creador "relojero" de los deístas, quien hizo el mundo, lo puso en movimiento y no se volvió a preocupar por él desde ese entonces. El universo es un cosmos, no un caos; un sistema confiable, no un desorden errático e impredecible; solo porque Jesucristo lo sostiene.

Cuando pienso en el poder de Cristo para sostener el universo, esta verdad me llega directa al corazón. El apóstol Pablo nos confirma: "El que comenzó en vosotros la buena obra, la perfeccionará" (Fil. 1:6), lo que significa que, cuando Cristo comienza una obra en nuestros corazones, la sostiene y la sustenta durante todo el proceso. Podemos imaginar la emoción de Judas cuando escribió: "Y a aquel que es poderoso para guardaros sin caída, y presentaros sin mancha delante de su gloria con gran alegría, al único y sabio Dios, nuestro Salvador, sea gloria y majestad, imperio y potencia, ahora y por todos los siglos. Amén" (Jud. 24-25). Cuando le entregamos la vida a Cristo, Él la sostiene y la sustenta y un día la llevará a la misma presencia de Dios. Tal como con el universo, una vida es un caos si Cristo no la sustenta.

Hebreos 1:8

Mas del Hijo dice: Tu trono, oh Dios, por el siglo del siglo; cetro de equidad es el cetro de tu reino.

Esta es una de las declaraciones más asombrosas e importantes en todas las Escrituras: ¡Jesús es el Dios eterno! Este versículo habla sobre las diferencias entre la naturaleza de Cristo y la de los ángeles. Quienes dicen que Jesús era solo un hombre, o uno de muchos ángeles, uno de los profetas de Dios o un semidiós de alguna clase, mienten y llevan sobre sí el anatema, la maldición de Dios. Jesús no es menos que Dios. El Padre dice al Hijo: "Tu trono, oh Dios, por el siglo del siglo". Dios Padre reconoce a Dios Hijo. Este versículo da la prueba más clara, poderosa, enfática e irrefutable de la deidad de Cristo en la Biblia, dicho por el mismo Padre.

El testimonio del Padre sobre el Hijo corresponde con el testimonio del Hijo sobre sí mismo. Jesús, a través de todo su ministerio, afirmó ser igual a Dios. "Por esto los judíos aun más procuraban matarle, porque no sólo quebrantaba el día de reposo, sino que también decía que Dios era su propio Padre, haciéndose igual a Dios" (Jn. 5:18). Cuando dijo "Yo y el Padre uno somos" (Jn. 10:30), los líderes judíos entendieron bien su afirmación. A la luz de quien ellos pensaban que Él era, un simple humano, su reacción era de esperar: "Por buena obra no te apedreamos, sino por la blasfemia; porque tú, siendo hombre, te haces Dios" (v. 33).

Pablo escribió lo siguiente hablando de Israel y todas sus bendiciones: "De quienes son los patriarcas, y de los cuales, según la carne, vino Cristo, el cual es Dios sobre todas las cosas, bendito por los siglos. Amén" (Ro. 9:5). La afirmación es que Jesucristo es Dios. En 1 Timoteo 3:16, el mismo apóstol escribe: "E indiscutiblemente, grande es el misterio de la piedad: Dios fue manifestado en carne, justificado en el Espíritu, visto de los ángeles, predicado a los gentiles, creído en el mundo, recibido arriba en gloria". Y otra vez Pablo vuelve a declarar: "Aguardando la esperanza bienaventurada y la manifestación gloriosa de nuestro gran Dios y Salvador Jesucristo" (Tit. 2:13).

Juan dice en su primera carta: "Pero sabemos que el Hijo de Dios ha venido, y nos ha dado entendimiento para conocer al que es verdadero; y estamos en el verdadero, en su Hijo Jesucristo. Este es el verdadero Dios, y la vida eterna" (1 Jn. 5:20). A través de todo el Nuevo Testamento la afirmación es inequívoca: Jesucristo es Dios.

En Hebreos 1:8 continuamos leyendo: "Tu trono, oh Dios, por el siglo del siglo; cetro de equidad es el cetro de tu reino". Jesucristo tiene un trono eterno desde el cual gobierna la eternidad como Dios y Rey. Él es el Rey eterno, con un reino eterno y un cetro de equidad.

EL TESTIMONIO DE PEDRO

Simón Pedro, siervo y apóstol de Jesucristo, a los que habéis alcanzado, por la justicia de nuestro Dios y Salvador Jesucristo, una fe igualmente preciosa que la nuestra. (2 P. 1:1)

La fe salvadora de los creyentes está disponible debido a la justicia de Jesucristo. Los pecadores reciben vida eterna porque el Salvador les atribuye su justicia perfecta (2 Co. 5:21; Fil. 3:8–9; 1 P. 2:24), cubriéndoles sus pecados y haciéndolos aceptables ante Él. Romanos 4:4-8 declara:

Pero al que obra, no se le cuenta el salario como gracia, sino como deuda; mas al que no obra, sino cree en aquel que justifica al impío, su fe le es contada por justicia. Como también David habla de la bienaventuranza del hombre a quien Dios atribuye justicia sin obras, diciendo: Bienaventurados aquellos cuyas iniquidades son perdonadas, y cuyos pecados son cubiertos. Bienaventurado el varón a quien el Señor no inculpa de pecado.

Esta doctrina tan importante de la justicia atribuida está en el mismo corazón del evangelio cristiano. La salvación es un regalo de parte de Dios en todos los aspectos. Tanto la fe para creer como la justicia para satisfacer la santidad de Dios provienen de Él. Cristo llevó en la cruz la ira de Dios contra todos los pecados de aquellos que habrían de creer (2 Co. 5:18-19). Tales pecados fueron imputados a Cristo para que Dios pudiera imputar a los creyentes toda la justicia que era de Él. Su justicia cubre por completo a los redimidos, tal como lo expresó de manera hermosa el profeta Isaías: "En gran manera me gozaré en Jehová, mi alma se alegrará en mi Dios; porque me vistió con vestiduras de salvación, me rodeó de manto de justicia, como a novio me atavió, y como a novia adornada con sus joyas" (Is. 61:10).

Cabe señalar que Pedro no se refiere aquí a Dios nuestro Padre sino a "nuestro Dios y Salvador Jesucristo". Aquí la justicia procede del Padre, pero alcanza a todo creyente a través del Hijo, Jesucristo (cp. Gá. 3:8-11; Fil. 3:8-9). La construcción griega pone un solo artículo antes de la frase "Dios y Salvador", lo cual hace que ambos términos se refieran a la misma persona. Por tanto, Pedro identifica a Jesús, no solo como Salvador sino también como Dios (cp. 1:11; 2:20; 3:2, 18; Is. 43:3, 11; 45:15, 21; 60:16; Ro. 9:5; Col. 2:9; Tit. 2:13; He. 1:8), el autor e instrumento de la salvación. El apóstol clarificó la misma relación en su sermón de Pentecostés en que tomó la verdad de Dios del

Antiguo Testamento y la aplicó a Jesús (Hch. 2:21-36; cp. Mt. 1:21; Hch. 4:12; 5:31).

El testimonio de Juan

1 Juan 5:20-21

Pero sabemos que el Hijo de Dios ha venido, y nos ha dado entendimiento para conocer al que es verdadero; y estamos en el verdadero, en su Hijo Jesucristo. Este es el verdadero Dios, y la vida eterna. Hijitos, guardaos de los ídolos. Amén.

Estos versículos finales llevan la epístola a completar el círculo. Juan comenzó con la venida del Verbo de vida (1:1-4); ahora finaliza con la seguridad de que "el Hijo de Dios ha venido". El tiempo presente del verbo "venido" (*jéko*) indica que Jesús vino y que sigue estando presente. La fe cristiana no es teórica ni abstracta; está enraizada en la verdad práctica de que Dios se hizo hombre en la persona de Jesucristo.

Puesto que nadie puede saber "quién es el Padre, sino el Hijo, y aquel a quien el Hijo lo quiera revelar" (Lc. 10:22), Jesús "nos ha dado entendimiento para conocer al que es verdadero". Pero, más allá del simple conocimiento, los cristianos tienen una unión personal "en el verdadero... Hijo [de Dios], Jesucristo" (cp. Ro. 8:1; 1 Co. 1:30; 2 Co. 5:17; 1 P. 5:14). La Biblia enseña que la única manera de conocer al Dios verdadero y vivo es a través de Jesucristo. Nadie que no crea en Cristo puede ser salvo, porque no hay salvación aparte de Él (cp. 2:1-2; 4:10, 14; 5:1; Jn. 14:6; Hch. 4:12).

El triple uso que Juan le da a la palabra "verdadero" (*alethinós*) en este versículo resalta la importancia de entender la verdad en un mundo saturado con las mentiras de Satanás. El último uso del término muestra la verdad más significativa de todas: que Jesucristo "es el verdadero Dios, y la vida eterna". La deidad de

Jesucristo es un elemento esencial de la fe cristiana, y nadie que la rechace puede ser salvo.

Apocalipsis 1:17-18

Cuando le vi, caí como muerto a sus pies. Y él puso su diestra sobre mí, diciéndome: No temas; yo soy el primero y el último; y el que vivo, y estuve muerto; mas he aquí que vivo por los siglos de los siglos, amén. Y tengo las llaves de la muerte y del Hades.

En una forma similar a su experiencia con la gloria de Jesús en el Monte de la Transfiguración más de seis décadas antes (cp. Mt. 17:6), Juan se sintió una vez más abrumado y temeroso ante la manifestación de la gloria de Cristo y cayó "como muerto a sus pies". Tal temor era común en todos los que experimentaban tales excepcionales visiones del cielo. Cuando se le apareció un ángel, Daniel dijo que "no quedó fuerza en mí, antes mi fuerza se cambió en desfallecimiento, y no tuve vigor alguno... y al oír el sonido de sus palabras, caí sobre mi rostro en un profundo sueño, con mi rostro en tierra" (Dn. 10:8-9; cp. 8:17). Abrumado por la visión de Dios que vio en el templo, Isaías exclamó: "¡Ay de mí! que soy muerto; porque siendo hombre inmundo de labios, y habitando en medio de pueblo que tiene labios inmundos, han visto mis ojos al Rey, Jehová de los ejércitos" (Is. 6:5). Ezequiel tuvo varias visiones de la gloria de Dios y su reacción siempre fue la misma: se postró sobre su rostro (Ez. 1:28; 3:23; 9:8; 43:3; 44:4). Después que el Ángel del Señor les apareció y les anunció el nacimiento de Sansón, "dijo Manoa [el padre de Sansón] a su mujer: Ciertamente moriremos, porque a Dios hemos visto" (Jue. 13:22). Job tuvo una reacción similar después que Dios habló con él: "De oídas te había oído; mas ahora mis ojos te ven. Por tanto me aborrezco, y me arrepiento en polvo y ceniza" (Job 42:5-6).

El Nuevo Testamento registra dos casos de aquellos que cayeron ante la gloria del Todopoderoso, uno en el pasado, así como una multitud en el futuro. Cuando iba rumbo a Damasco a fin de perseguir a los cristianos, Saulo de Tarso (mejor conocido como el apóstol Pablo) vio "una luz del cielo que sobrepasaba el resplandor del sol, la cual [lo] rodeó a [él] y a los que iban [con él]" (Hch. 26:13). Como reacción, Saulo y sus compañeros cayeron en tierra (v. 14). Luego de ser testigos de las aterradoras calamidades que ocurren al abrirse el sexto sello, los incrédulos durante la tribulación dirán aterrados "a los montes y a las peñas: Caed sobre nosotros, y escondednos del rostro de aquel que está sentado sobre el trono, y de la ira del Cordero; porque el gran día de su ira ha llegado; ¿y quién podrá sostenerse en pie?" (Ap. 6:16-17).

En marcado contraste con los reclamos necios, frívolos, falsos y jactanciosos de muchos en la actualidad que dicen haber visto a Dios, la reacción de los que, en las Escrituras, vieron realmente a Dios fue inevitablemente la de temor. Los que se han enfrentado cara a cara con la gloria santa y deslumbrante del Señor Jesucristo se atemorizan, al comprender que su pecaminosa indignidad está en su santa presencia. Resumiendo la respuesta adecuada a la santidad y majestad de Dios, el escritor de Hebreos exhorta a los creyentes a que sirvan "a Dios agradándole con temor y reverencia; porque nuestro Dios es fuego consumidor" (He. 12:28-29).

Como había hecho hacía tiempo en la transfiguración (Mt. 17:7), Jesucristo puso su diestra sobre Juan y lo consoló. Este es un toque de consuelo y seguridad. Hay consuelo para los cristianos anonadados ante la gloria y la majestad de Cristo, en la seguridad de su amor y su perdón misericordiosos. Las palabras consoladoras de Jesucristo "No temas" (lit. "Deja de temer") muestran su compasión al brindar seguridad al atemorizado apóstol. Palabras similares de consuelo son la respuesta de Dios a lo largo de las Escrituras a todos los que se sienten anonadados ante su majestuosa presencia (p. ej. Gn. 15:1; 26:24; Jue. 6:23; Mt. 14:27; 17:7; 28:10).

El consuelo que Jesús ofrece se basa en quién es Él y en la autoridad que posee. En primer lugar, se identificó como "Yo soy" (*ego eimí*), el nombre de pacto de Dios (cp. Éx. 3:14). Fue este el nombre con el que consoló a los atemorizados discípulos que lo vieron caminar sobre el lago de Galilea (Mt. 14:27). Jesús tomó ese nombre para sí en Juan 8:58, un reclamo directo de deidad que no dejaron de reconocer sus oponentes (v. 59).

Acto seguido, Jesucristo se identificó como "el primero y el último" (cp. 2:8; 22:13), un título para referirse a Dios en el Antiguo Testamento (Is. 44:6; 48:12; cp. 41:4). Cuando todos los falsos dioses se hayan ido, solo Él permanecerá. Él existía antes que ellos y seguirá existiendo eternamente, mucho después que sean olvidados. El que Jesús se haya atribuido ese título es otra prueba convincente de su deidad.

El tercer título de la deidad que Jesucristo reclamó es el de "el que vivo" (cp. Jn. 1:4; 14:6). Este también es un título que se emplea a lo largo de las Escrituras para describir a Dios (p. ej. Jos. 3:10; 1 S. 17:26; Sal. 84:2; Os. 1:10; Mt. 16:16; 26:63; Hch. 14:15; Ro. 9:26; 2 Co. 3:3; 6:16; 1 Ts. 1:9; 1 Ti. 3:15; 4:10; He. 3:12; 9:14; 10:31; Ap. 7:2). Él es el Eterno, el no creado, el que existe por sí mismo. En Juan 5:26, Jesús dijo a sus adversarios judíos: "Como el Padre tiene vida en sí mismo, así también ha dado al Hijo el tener vida en sí mismo", reclamando así plena igualdad con Dios el Padre.

Aquel cuya presencia puso temor en el corazón de Juan, el yo soy, el primero y el último, el que vive, aquel cuya muerte lo libró de sus pecados (Ap. 1:5) es el mismo que consoló y le dio seguridad a Juan. Como dijera el apóstol Pablo: "¿Qué, pues, diremos a esto? Si Dios es por nosotros, ¿quién contra nosotros?" (Ro. 8:31).

La aparente declaración paradójica de Cristo "estuve muerto;

mas he aquí que vivo por los siglos de los siglos" proporciona mayor fundamento para la seguridad. El texto griego literalmente dice "me hice muerto". El que vive, el eterno, el existente en sí mismo, el que nunca puede morir, se hizo hombre y murió. Como explica Pedro en 1 Pedro 3:18, Cristo fue "muerto en la carne, pero vivificado en espíritu". En su humanidad, Él murió sin dejar de vivir como Dios.

"Mas he aquí" presenta una declaración de asombro y admiración: "vivo por los siglos de los siglos". Cristo vive para siempre en una unión de humanidad glorificada y deidad, "según el poder de una vida indestructible" (He. 7:16). "Cristo, habiendo resucitado de los muertos", escribió Pablo, "ya no muere; la muerte no se enseñorea más de él" (Ro. 6:9). Esta verdad brinda consuelo y seguridad, porque Jesucristo "puede también salvar perpetuamente a los que por él se acercan a Dios, viviendo siempre para interceder por ellos" (He. 7:25). A pesar de su carácter pecaminoso en la presencia del glorioso Señor del cielo, Juan no tenía nada que temer, porque el mismo Señor había pagado con su muerte la culpa por los pecados de Juan (y los de todos los que creen en Él) y se había levantado para ser su eterno abogado.

Como el eterno Yo soy, el primero y el último, el que vive, Jesucristo "tiene las llaves de la muerte y del Hades". Esos términos son esencialmente sinónimos, ya que la muerte es la condición y el Hades es el lugar. Hades es el equivalente neotestamentario del término "Seol" del Antiguo Testamento y se refiere al lugar de los muertos; "llaves" denota acceso y autoridad. Jesucristo tiene la autoridad para decidir quién muere y quién vive; Él controla la vida y la muerte. Y Juan, como todos los redimidos, no tiene de qué temer, porque Cristo ya lo libró de la muerte y el Hades por su propia muerte.

Saber que Cristo tiene autoridad sobre la muerte proporciona seguridad, porque los creyentes ya no tienen que temerla. Jesús dijo: "Yo soy la resurrección y la vida; el que cree en mí, aunque esté muerto, vivirá... porque yo vivo, vosotros también viviréis" (Jn. 11:25; 14:19). Morir, observó Pablo, es "estar ausentes del cuerpo, y presentes al Señor" (2 Co. 5:8; cp. Fil. 1:23). Jesucristo venció a Satanás y le quitó las llaves de la muerte: "Por medio de la muerte [Cristo destruyó] al que tenía el imperio de la muerte, esto es, al diablo, y... [libró] a todos los que por el temor de la muerte estaban durante toda la vida sujetos a servidumbre" (He. 2:14-15). El conocimiento de que Cristo "nos amó, y nos lavó de nuestros pecados con su sangre" (Ap. 1:5) proporciona la seguridad que da equilibrio al temor reverencial que evoca su gloria y majestad.

Apocalipsis 19:11-13

Entonces vi el cielo abierto; y he aquí un caballo blanco, y el que lo montaba se llamaba Fiel y Verdadero, y con justicia juzga y pelea. Sus ojos eran como llama de fuego, y había en su cabeza muchas diademas; y tenía un nombre escrito que ninguno conocía sino él mismo. Estaba vestido de una ropa teñida en sangre; y su nombre es: EL VERBO DE DIOS.

Al fin había llegado el momento para la plena y gloriosa revelación del Señor soberano. Este es el momento al cual todo el Apocalipsis (así como toda la historia de la redención) ha estado señalando, el tiempo del cual Jesucristo mismo habló en Mateo 24:27-31.

Al abrirse el telón de esta impresionante escena, Juan se queda pasmado, su atención es cautivada por el majestuoso, regio y poderoso jinete. Jesús, aquel que ascendió al cielo (Hch. 1:9-11) donde ha estado sentado a la diestra del Padre (Hch. 5:31; 7:55-56; Ro. 8:34; Ef. 1:20; Col. 3:1; He. 1:3, 13; 8:1; 10:12; 12:2; 1 P. 3:22), está a punto de recibir el reino que el Padre le prometió. En una visión anterior, Juan vio a Jesús recibir el título de propiedad de la tierra:

> Y vi en la mano derecha del que estaba sentado en el trono un libro escrito por dentro y por fuera, sellado con siete sellos. Y vi a un ángel fuerte que pregonaba a gran voz: ¿Quién es digno de abrir el libro y desatar sus sellos? Y ninguno, ni en el cielo ni en la tierra ni debajo de la tierra, podía abrir el libro, ni aun mirarlo. Y lloraba yo mucho, porque no se había hallado a ninguno digno de abrir el libro, ni de leerlo, ni de mirarlo. Y uno de los ancianos me dijo: No llores. He aquí que el León de la tribu de Judá, la raíz de David, ha vencido para abrir el libro y desatar sus siete sellos.
>
> Y miré, y vi que en medio del trono y de los cuatro seres vivientes, y en medio de los ancianos, estaba en pie un Cordero como inmolado, que tenía siete cuernos, y siete ojos, los cuales son los siete espíritus de Dios enviados por toda la tierra. Y vino, y tomó el libro de la mano derecha del que estaba sentado en el trono (5:1-7).

El Cordero de aquella visión se ha convertido en el Rey victorioso.

Ya nunca más se describirá a Jesús en su humillación, "humilde, y cabalgando sobre un asno, sobre un pollino hijo de asna" (Zac. 9:9). En vez de esto, Él monta el tradicional caballo blanco que montaban los victoriosos generales romanos en sus procesiones triunfales por las calles de Roma. "Blanco" también simboliza el absoluto carácter santo, inmaculado, sin tacha del jinete. El caballo, como las diademas (v. 12), la espada aguda (v. 15), la vara de hierro (v. 15), y el lagar (v. 15) es simbólico; la venida de Cristo es real. El lenguaje simbólico representa los diversos aspectos de esa realidad: la victoria de Cristo sobre sus enemigos, su gobierno soberano, y su juicio de los pecadores.

Continuando su descripción de la asombrosa escena que estaba delante de él, Juan observa que el que montaba el caballo blanco "se llamaba Fiel y Verdadero". No hay un nombre más apropiado para el Señor Jesucristo, a quien antes en el Apocalipsis se le llama "el testigo fiel y verdadero" (3:14). Él es fiel en sus promesas (cp. 2 Co. 1:20) y lo que dice es siempre verdad (Jn. 8:45-46; Tit. 1:2). Aunque a algunos les gustaría poder seleccionar cuáles enseñanzas de Jesús quieren aceptar, Él es igualmente fiel a sus promesas de ira y juicio como lo es a sus promesas de gracia y salvación. La descripción de Jesucristo como Fiel y Verdadero está en marcado contraste con la infidelidad y las mentiras de Satanás (12:9), el malvado imperio del anticristo (18:23), y los hombres malos (2 Ti. 3:13). El hecho mismo de que viene otra vez como prometió, confirma que Jesucristo es Fiel y Verdadero.

Porque Jesucristo es fiel a su palabra y a su recto carácter, el resultado es que juzga con justicia. Su naturaleza santa exige una reacción santa y justa hacia el pecado. Y como Él siempre hace lo que dice, Él debe juzgar a los malos (Mt. 16:27; 25:31-46; Jn. 5:22, 27; cp. Hch. 10:42; 17:31; Ro. 2:16; 2 Ts. 1:7-9; 2 Ti. 4:1). Jesucristo vino la primera vez como Salvador; Él volverá como Juez. Cuando vino la primera vez, lo juzgaron hombres malos, como a Pilatos, Herodes, Anás y Caifás; cuando Él vuelva, juzgará a los malos (Hch. 17:31). Y no solo será su juez, sino también quien ejecute su condena (vv. 15, 21). Los ángeles reunirán a los malos para el juicio (Mt. 13:41), pero será el Señor Jesucristo quien los condene.

Ya no es más el siervo sufriente en su encarnación; el Señor Jesucristo aparece en esta visión como el Rey guerrero que pelea contra sus enemigos. Él es ahora el que ejecuta la condena de todos los incrédulos impíos y pecadores. La única otra referencia en las Escrituras a Jesucristo peleando está en 2:16, cuando Él advirtió a la mundanal iglesia de Pérgamo: "Arrepiéntete; pues si no, vendré a ti pronto, y pelearé contra ellos con la espada de mi boca". Sin embargo, esto no está en contradicción con el carácter de Dios.

Luego de su liberación de las fuerzas egipcias en el Mar Rojo, Israel cantó: "Jehová es varón de guerra" (Éx. 15:3; cp. Sal. 24:8; 45:3-5).

Los adversarios de Jesucristo esta vez serán pecadores endurecidos que han desafiado sus juicios y se han burlado del mensaje del evangelio durante la tribulación. A pesar de todos los devastadores juicios que han experimentado y la poderosa predicación del evangelio que han escuchado, tercamente rechazarán el arrepentirse (9:20-21; 16:9, 11). Como ni el juicio ni la predicación los mueven al arrepentimiento, Jesucristo volverá para destruirlos y enviarlos al infierno.

A diferencia de otros conquistadores que el mundo ha visto, la codicia, la ambición, el orgullo, o el poder, no serán las motivaciones de este conquistador. Él vendrá en total rectitud, en perfecta santidad y en estricta armonía con todo santo propósito. El cielo no puede estar en paz con el pecado, porque Dios "muy limpio [es] de ojos para ver el mal, ni [puede] ver el agravio" (Hab. 1:13). Hay un límite para la paciencia de Dios. La justicia no siempre puede tolerar la injusticia; la verdad no siempre puede tolerar las mentiras; no se puede permitir que la rebelión continúe por siempre. Los incorregibles, incurables y endurecidos pecadores enfrentarán destrucción; el abuso de la misericordia y el rechazo de la gracia traerán ciertamente juicio.

Al describir la apariencia personal del majestuoso e imponente Jinete, Juan escribe que "sus ojos eran como llama de fuego". Nada escapa a su mirada penetrante. Puede ver dentro de los más profundos escondites del corazón humano, porque "todas las cosas están desnudas y abiertas a los ojos de aquel a quien tenemos que dar cuenta" (He. 4:13). Esos ojos que reflejaron ternura y gozo al reunir a sus hijos para sí habían reflejado compasión cuando observaba a personas angustiadas y deprimidas, vagando sin rumbo por la vida como ovejas sin un pastor. Y habían reflejado perdón cuando restauró a Pedro, quien había sido destrozado por su culpa ante aquella traumática negación de su Maestro. Los ojos que lloraron por la suerte de la no arrepentida Jerusalén, y por el dolor, el sufrimiento y la muerte en este mundo maldecido por el pecado, ahora Juan los ve brillando con el fuego del juicio.

En su cabeza, Juan observó que Cristo tenía muchas diademas, una transliteración de la palabra griega *diadema*, que se refiere a la corona de un rey (cp. 12:3; 13:1). En este caso, significan el rango de Jesucristo y su autoridad real. Solo Cristo será soberano, ya que solo Él es "Rey de reyes y Señor de señores" (v. 16), y "los reinos del mundo han venido a ser de nuestro Señor y de su Cristo; y él reinará por los siglos de los siglos" (11:15). Las muchas coronas que usará Cristo son el justo cambio por una corona de espinas (cp. Fil. 2:8-11).

Además de eso, Juan observa que Jesús "tenía un nombre escrito que ninguno conocía sino él mismo". Toda especulación con relación al significado de ese nombre carece de sentido, ya que el texto explícitamente declara que ninguno conocía, salvo Jesucristo mismo. Incluso el inspirado apóstol Juan no podía comprenderlo. Quizá sea dado a conocer después de su venida.

Al describir el elemento final de la llegada de Cristo, Juan escribe que "estaba vestido de una ropa teñida en sangre". La sangre no representa la que Él derramó en la cruz; esta es una figura de juicio, no de redención. Que el nombre del jinete sea "EL VERBO DE DIOS" lo identifica inconfundiblemente como el Señor Jesucristo (Jn. 1:1, 14; l Jn. 1:1). A la segunda persona de la Trinidad, al encarnado Hijo de Dios, se le llama "EL VERBO DE DIOS" porque Él es la revelación de Dios. Él es la plena expresión de la mente, la voluntad y el propósito de Dios, "el resplandor de su gloria, y la imagen misma de su sustancia" (He. 1:3).

El Señor Jesucristo no volverá solo, sino que estará acompañado de los ejércitos celestiales (cp. 17:14). Cuatro divisiones conforman estas glorificadas tropas. Al comienzo del capítulo 19, a la esposa del Cordero (la Iglesia) se le describe usando lino finísimo, blanco y limpio (vv. 7-8). Estos creyentes glorificados acompañarán a Cristo. También lo harán los creyentes de la tribulación, a quienes también se les representa en el cielo usando ropas blancas (7:9). El tercer grupo es el de los santos del Antiguo Testamento, quienes resucitan al final de la tribulación (Dn. 12:1-2). Por último, los santos ángeles también acompañarán a Cristo (Mt. 25:31). Los caballos blancos que monta la caballería celestial no son caballos literales, como no los son los de la caballería del infierno en 9:7 y 16. A diferencia del Señor Jesucristo, el ejército celestial está desarmado; Él solo destruirá a sus enemigos. Los santos vendrán, no para luchar con Jesucristo, sino para reinar con Él (20:4-6; 1 Co. 6:2).

El dominio del Rey se describe en una imagen gráfica poderosa. Juan nos dice primero que de "su boca sale una espada aguda". El apóstol había visto esa espada en una visión anterior (1:16), donde se usaba para defender la iglesia contra la acometida de las fuerzas satánicas. Aquí es la espada de juicio, la llameante espada que lleva la muerte a los adversarios del Rey. El que la espada sale de su boca simboliza el poder mortal de las palabras de Cristo. Una vez Él habló palabras de consuelo, pero ahora habla palabras de muerte.

Y Cristo esgrimirá esa espada con efectos mortales para herir con ella a las naciones. Sus escogidos, tanto de los gentiles como de Israel, serán guardados; a los malos Él los matará instantáneamente. Lo muertos incluirá a todos los reunidos para la batalla en Armagedón; ninguno escapará. El resto de las personas no redimidas del mundo será juzgado y ejecutado en el juicio de las ovejas y los cabritos (Mt. 25:31-46), que sigue a la venida de Cristo. Este es el último golpe de muerte en el día del Señor.[4]

---

4. Acerca del "día del Señor", cp. Isaías 66:15-16; Ezequiel 39:1-4, 17-20; Joel 3:12-21; Mateo 25:31-46; y 2 Tesalonicenses 1:6-9; 2:8.

El severo y rápido juicio que marca el comienzo del reino de Cristo será la norma de su dominio durante el milenio. Durante su reino de mil años, Él regirá a las naciones con vara de hierro (cp. 12:5; Sal. 2:8-9); juzgará rápidamente todo pecado e instantáneamente doblegará cualquier rebelión. Todas las personas tendrán que conformarse a su ley o enfrentar juicio inmediato En una última mirada al regreso del Rey, Juan vio en su visión que Cristo usaba una insignia alrededor de su vestidura y [de] su muslo (a lo largo de su pecho y colgando sobre su muslo mientras cabalga), en la cual tiene "escrito este nombre: REY DE REYES Y SEÑOR DE SEÑORES" (cp. 17:14; Dt. 10:17; 1 Ti. 6:15). Este es el tercer nombre que se le da al Señor Jesucristo en este pasaje. El incomprensible nombre del versículo 12 pudiera expresar el misterio de su esencial deidad. El versículo 13 lo llama "EL VERBO DE DIOS", expresando su encarnación como el Hijo de Dios. El nombre REY DE REYES Y SEÑOR DE SEÑORES expresa su triunfo soberano sobre todos los enemigos y su dominio absoluto en su reino que pronto se establecerá.

RECONOCIMIENTOS

Estamos muy agradecidos a Nathan Busenitz por su buen trabajo en reunir y organizar el material para este primer tomo de la serie John MacArthur Study Series, sacándolo de varios de los libros de la colección de 33 volúmenes del *MacArthur New Testament Commentary*. Nathan también añadió breves introducciones al último capítulo y al apéndice.

Vaya también nuestro especial agradecimiento al equipo de Moody Publishers, sobre todo al editor jefe, Jim Vincent, y al editor de adquisiciones, Drew Dyck. Jim actualizó las fuentes y ejemplos y ajustó el texto en lugares clave; Drew aportó sugerencias valiosas en muchas partes.

EDITORIAL
PORTAVOZ

NUESTRA VISIÓN

Maximizar el efecto de recursos cristianos de calidad que transforman vidas.

NUESTRA MISIÓN

Desarrollar y distribuir productos de calidad —con integridad y excelencia—, desde una perspectiva bíblica y confiable, que animen a las personas a conocer y servir a Jesucristo.

NUESTROS VALORES

Nuestros valores se encuentran fundamentados en la Biblia, fuente de toda verdad para hoy y para siempre. Nosotros ponemos en práctica estas verdades bíblicas como fundamento para las decisiones, normas y productos de nuestra compañía.

Valoramos la excelencia y la calidad
Valoramos la integridad y la confianza
Valoramos el mérito y la dignidad de los individuos
y las relaciones
Valoramos el servicio
Valoramos la administración de los recursos

Para más información acerca de nuestra editorial y los productos que publicamos visite nuestra página en la red: www.portavoz.com